Who Moved My Cheese?

누가 내 치즈를 옮겼을까?

이 책의 한국어판 저작권은 알렉스리 에이전시 ALA를 통해서 G.P. Putnam's Sons, an imprint of Penguin Publishing Group, a division of Penguin Random House LLC사와 독점 계약한 진명출판사에 있습니다.

누가 내 치즈를 옮겼을까?(Who Moved My Cheese?) 스페셜 에디션

초판 1쇄 발행   2024년 8월 23일
초판 2쇄 발행   2024년 12월 25일

저   자   스펜서 존슨
번   역   김영신
발 행 인   안광용
발 행 처   (주)진명출판사
등   록   제10-959호(1994년 4월 4일)
주   소   서울 마포구 양화로 156, 1517호(동교동, LG팰리스빌딩)
전   화   TEL 02) 3143-1336 / FAX 02) 3143-1053
이 메 일   book@jinmyong.com
총괄이사   김영애
마 케 팅   최여진, 김종규

ISBN   978-89-8010-500-7

Who Moved My Cheese?

누가 내 치즈를 옮겼을까?

(주)진명출판사

치즈의 마법

《누가 내 치즈를 옮겼을까?》는 인생에서 일어나는 어려운 변화를 잘 다룰 수 있도록 돕기 위해 스펜서 존슨 박사가 쓴 책입니다. 이 이야기는 변화로 인한 어려움의 원인을 자신에게서 찾기보다는 변화하는 상황을 이해하고 받아들이는 것에 주목합니다.

스펜서 존슨 박사의 삶에 여러가지 좋은 변화가 시작된 것을 목격한 주변의 지인들이 그 이유를 궁금해하자, 그는 마침내 "치즈" 이야기를 꺼내놓습니다. 몇몇 사람은 이 이야기가 마음에 여유를 주고, 변화를 받아들이며, 더 나은 것을 얻는 데 도움이 되었다고 말합니다. 스펜서 존슨 박사와 함께 《The One Minute Manager》를 공동 저술한 켄 블랜처드는 이 이야기를 더 많은 사람과 공유하도록 출판을 권유했습니다.

결국, 이 치즈 이야기는 20년 후에 책으로 출판되어 독자와 만나게 되었습니다. 책은 출판되자마자 입소문을 타며 첫 16개월 동안 100만 부가 판매되었고, 이후 5년 동안 2,100만 부 이상이 판매되며 부동의 베스트셀러 1위 자리를 차지했습니다. 2005년, Amazon.com은 《누가 내 치즈를 옮겼을까?》를 역대 단행본 중 가장 많이 팔린 스테디셀러 1위로 선정했습니다.

사람들은 이 이야기를 통해 깨달음을 얻고 경력, 사업, 건강, 그리고 결혼생활을 향상시킬 수 있었다고 입을 모아 말합니다. 치즈의 마법은 사람들이 가정, 회사, 학교, 교회, 군대, 그리고 스포츠 팀 등에서 자신의 치즈를 찾도록 인도했으며, 여러 언어로 번역되어 세계적으로 사랑받고 있습니다.

반면, 이처럼 단순하고 상식적이며 쉬운 이야기가 많은 사람들의 마음을 사로잡고 사랑받는 이유를 이해하지 못하겠다고 말하는 비평가들은 이 이야기에서 중요한 것을 간과한 것입니다. 일부 비평가들은 이 이야기가 모든 변화를 무턱대고 긍정적인 것으로 오해하게 만들고, 타인에 의해 강요된 불필요한 변화까지도 무비판적으로 수용하게 될 위험이 있다고 우려하기도 합니다. 물론 이 이야기와는 무관한 내용이지만 말입니다.

하지만 저자는 이 이야기에 열광하는 독자들과 날카로운 비평가들 모두 나름대로 "옳은 견해"라고 인정합니다. 핵심과 주제는 "누가 내 치즈를 옮겼을까?"의 이야기 자체가 아니라, 이 이야기를 어떻게 해석하고 자신의 상황에 어떻게 적용하여 가치를 부여하는가에 있습니다.

여러분도 이 이야기를 자신이 처한 상황에 맞춰 해석하고 실행에 옮김으로써, 바라던 "새로운 치즈"를 발견하고 즐기길 바랍니다.

비하인드 스토리

《누가 내 치즈를 옮겼을까?》의 '비하인드 스토리'를 여러
분께 들려드리게 되어 매우 기쁩니다. 이는 우리가 이 책을
함께 읽고 즐기며 다른 사람들과 폭넓게 공유할 수 있게 되
었음을 의미합니다.

저는 스펜서 존슨과 《The One Minute Manager》를 집
필하기 몇 년 전에 이 흥미롭고 위대한 이야기를 접한 뒤부
터 이 책의 출간을 간절히 바라고 있었습니다.

그때 저는 이 이야기에 완전히 매료되었고, 이 이야기가
나에게 얼마나 도움이 될지 확신했습니다.

《누가 내 치즈를 옮겼을까?》는 '변화'에 관한 이야기입니
다. 이 이야기는 네 명의 재미있는 캐릭터들이 '치즈'를 찾
기 위해 미로 속을 탐험하는 과정을 다루고 있습니다. 여

기에서 '치즈'는 우리가 인생에서 원하는 것, 즉 직업, 관계, 돈, 큰 집, 자유, 건강, 명예, 정신적인 평화, 심지어 조깅이나 골프 같은 취미 활동을 비유적으로 나타냅니다.

우리는 저마다 자신만의 치즈에 대한 생각을 가지고 있으며, 그것이 우리를 행복하게 만들어 준다고 믿기 때문에 그것을 추구합니다. 하지만 원하던 치즈를 얻으면, 종종 그것에 집착하고 얽매이기도 합니다. 그리고 치즈를 잃거나 치즈가 사라지면, 큰 충격을 받기도 합니다.

이 이야기에서 '미로'는 당신이 원하는 것을 찾기 위해 시간을 보내는 곳을 의미합니다. 그것은 당신이 일하는 조직일 수도 있고, 당신이 속한 공동체일 수도 있으며, 당신이 삶에서 맺고 있는 관계일 수도 있습니다.

저는 전 세계를 돌아다니며 여러분이 읽게 될 치즈 이야기를 전하고 있습니다. 또 사람들에게서 이 이야기가 자신에게 얼마나 큰 변화를 가져왔는지에 대해서도 듣고 있습니다.

믿으실지 모르겠지만, 이 작은 이야기가 수많은 사람들의 사회 생활과 가정 생활, 그리고 인생을 개선하는 데 기여했습니다!

수많은 사례 중 하나를 들어볼까요? NBC-TV의 존경받는 방송인 찰리 존스Charlie Jones는《누가 내 치즈를 옮겼을까?》의 이야기를 듣고 직장 생활의 위기를 극복했다고 밝혔습니다. 방송이라는 특별한 직업 분야이기는 하지만 그 안에서 깨달은 그의 삶의 원칙은 누구에게나 적용될 수 있을 것입니다.

찰리는 올림픽에서 장·단거리 육상경기를 열심히 중계하며 훌륭한 성과를 냈습니다. 하지만 그의 상사는 다음 올림픽에서 그의 주력 분야인 육상 대신, 수영과 다이빙 중계를 담당하라고 지시했습니다. 그는 이 결정에 크게 당황하고 화가 났습니다.

수영과 다이빙에 대해서는 잘 알지 못했기 때문에 찰리는 좌절감을 느꼈습니다. 그는 자신이 인정받지 못한다고 느꼈기 때문에 몹시 화를 냈고 불공평한 처우라고 생각했습니다. 그의 분노는 그가 하는 모든 일에 부정적인 영향을 미치기 시작했습니다.

그러다가 그는 《누가 내 치즈를 옮겼을까?》의 이야기를 들었습니다. 그 후, 그는 자기 자신의 어리석음을 웃어넘길 줄 알게 되고 태도를 바꾸게 되었습니다. 그는 상사가 단지

'그의 치즈를 옮겼을 뿐'이라는 사실을 깨닫고 상황에 맞게 적응해 나갔습니다. 그는 수영과 다이빙이라는 새로운 스포츠에 대해 배우게 되었고, 그 과정에서 새로운 일을 하는 것이 자신을 더욱 활기차게 만들어 준다는 걸 알게 되었습니다.

얼마 지나지 않아 그의 상사는 그의 새로운 태도와 에너지를 알아차렸고, 곧 그에게 더 나은 업무를 맡기게 되었습니다. 그는 이전보다 더 큰 성공을 누렸고, 후에 '프로 축구 명예의 전당─방송인 부문'에 이름을 올리는 영광을 누리게 되었습니다.

이것은 직장 생활에서부터 가정 문제에 이르기까지 이 이야기가 사람들에게 미친 영향에 대해 내가 들은 수많은 실화 중 하나일 뿐입니다.

나는 《누가 내 치즈를 옮겼을까?》의 힘을 강하게 믿었기 때문에, 함께 일하는 이백 명이 넘는 사람들에게 출판 전의 초기 판본을 나눠주었습니다.

그렇게 한 이유는, 모든 회사가 단순한 생존의 차원을 넘어서 경쟁력을 갖춘 회사가 되어야 하듯, 켄 블랜처드 컴퍼니The Ken Blanchard Companies도 끊임없이 변화하고 변화해야 하기 때문이었습니다. 세상은 우리의 '치즈'를 계속 옮기고 있습니다. 과거에는 우직하고 충성스러운 직원을 원했을지 모르지만, 현재는 주변 상황에 민감하게 대처할 수 있는 융통성 있는 직원이 필요합니다.

우리 모두가 잘 알고 있듯이, 직장이나 삶에서 항상 일어나는 변화의 파도는 스트레스를 유발할 수 있습니다. 사람들이 변화를 이해할 수 있도록 돕는 방법이 없다면 더

욱 그렇습니다. 바로 여기서 치즈 이야기의 가치가 등장합니다.

제가 사람들에게 이 이야기를 들려주고 《누가 내 치즈를 옮겼을까?》를 읽게 했을 때, 부정적인 에너지가 풀리기 시작하는 것을 느낄 수 있었습니다. 여러 부서의 사람들이 일부러 저를 찾아와 책을 소개해준 것에 대해 감사를 전하며, 이 책이 회사에서 일어나는 변화를 다른 시각으로 보는 데 얼마나 큰 도움이 되었는지를 들려주었습니다. 믿으세요, 이 짧은 우화는 다 읽는 데 시간이 얼마 걸리지 않지만, 그 영향력은 매우 큽니다.

이 책의 페이지를 넘기다 보면 세 가지 섹션이 있음을 알게 될 것입니다. 첫 번째 섹션인 '모임: 시카고Chicago'에서는 동창회에 모인 친구들이 자신의 삶에서 일어나는 변화를 다루려고 애쓰는 이야기가 나옵니다.

두 번째 섹션은 이 책의 핵심인 '이야기: 누가 내 치즈를 옮겼을까?'입니다. 이 이야기에서 두 생쥐는 단순하게 생각하며 변화에 더 잘 대처하는 반면, 두 꼬마인간은 복잡한 뇌와 인간적인 감정 때문에 상황을 어렵게 만들고 맙니다. 물론 쥐가 더 똑똑하다는 의미는 아닙니다. 우리는 사람들이 쥐보다 더 지능적이라는 것을 잘 알고 있으니까요.

네 등장인물들의 행동을 보면 생쥐와 꼬마인간 모두 우리 자신의 일부를 나타낸다는 사실을 깨닫게 될 것입니다. 그들은 우리 안에 내재되어 있는 각각 단순한 부분과 복잡한 부분을 대변하며, 변화를 마주하게 되었을 때는 단순하게 대처하는 것이 우리에게 유리하다는 것을 알 수 있게 해 줍니다.

세 번째 섹션인 '토론: 같은 날 오후'에서는 사람들이 이 이야기의 의미를 어떻게 받아들이는지, 그리고 그것을 자신의 일과 삶에 어떻게 적용할 것인지에 대해 토론합니다.

이 책의 초기 원고를 읽은 일부 독자들은 '이야기' 섹션 까지만 읽고 '토론' 섹션은 건너뛰어 그 의미를 자신만의 방식으로 해석하는 걸 더 좋아했습니다. 반면, 어떤 독자들은 '토론' 섹션을 통해, 배운 것을 실제 상황에 어떻게 적용할 수 있을지 생각해보는 데 도움을 받았다고 했습니다.

모든 변화가 모든 사람에게 좋다거나, 반드시 필요한 것이라고는 생각하지 않습니다. 하지만 변화하는 세상에서 어떻게 적응하고 보다 나은 것으로 즐길 수 있는 법을 배우는 것은 우리 모두에게 유익한 일입니다.

여러분도 저처럼 《누가 내 치즈를 옮겼을까?》를 읽을 때

마다 이 짧은 이야기에서 새롭고 유익한 교훈을 얻었으면 합니다. 그렇게 하면 변화에 잘 대처할 수 있고, 각자 원하는 큰 성공을 이루는 데 도움이 될 것입니다.

이 책을 통해 여러분들이 알게 된 것을 즐기고, 잘 해낼 수 있기를 바랍니다. 잊지 마세요. 치즈와 함께 움직이세요!

켄 블랜처드 Ken Blanchard

캘리포니아 샌디에이고 San Diego, California에서

Who
Moved
My Cheese?

모임: 시카고

시카고의 어느 화창한 일요일, 전날 밤 동창회에 모였던 고등학교 친구들이 다음 날 점심 식사를 함께하려고 다시 만났다. 서로의 근황을 더 듣고 싶었기 때문이다. 맛 좋은 식사를 나누며 많은 농담들을 주고받은 후, 그들은 흥미로운 대화를 나누기 시작했다.

학교에서 가장 인기가 많았던 안젤라Angela가 말했다.

"인생은 우리가 학창시절에 꿈꿨던 것과는 확실히 달랐어. 많은 것이 변했지."

"그건 그래."

네이단Nathan이 호응했다. 친구들은 네이단이 졸업과 동시에 대대로 내려온 가족 기업에 들어갔다는 걸 알고 있었다. 그들이 기억하기로는 지역 주민들에게 인지도도 높고 사업적으로도 굉장히 안정적인 회사였다. 그런 네이단이 걱정이 있는 것처럼 보여서 다들 놀랐다.

"그런데 말이야, 갑자기 상황이 바뀔 때 우리가 얼마나 변하기 싫어하는지 다들 알고 있어?" 네이단이 물었다.

"변화하는 걸 두려워하기 때문에 변화 자체를 거부하는 게 아닐까?" 카를로스Carlos가 대답했다.

그러자 제시카Jessica가 "축구팀 주장이었던 네가 두려움을 말하다니, 와, 믿을 수가 없네!" 라고 받아쳤다.

다들 웃음을 터트렸다. 집안 일을 돌보든 회사를 경영하든 서로 다른 길을 걷고 있지만, 그들 모두는 비슷한 감정을 경험하고 있는 게 분명했다.

다들 최근 몇 년 동안 자신들에게 일어나고 있는 예상치 못한 변화에 대처하느라 고군분투 중이었다. 그리고 그들 중 대부분은 변화에 대응하는 좋은 방법을 알지 못하고 있다는 사실을 인정하고 있었다.

그때 마이클Michael이 말했다. "나 역시 변화가 두려웠어. 우리 회사도 사업에 큰 변화가 닥쳤을 때 무엇을 어떻게 해야 할지 몰랐지. 그냥 전에 해오던 방식으로 일을 처리했고, 그러다가 거의 망할 뻔했어."

"그게 말이지…" 마이클은 잠시 숨을 고른 뒤, 말을 이어갔다. "모든 것을 바꿔놓은 짧고 재미난 이야기를 듣기 전까지만 해도 말이야."

"무슨 얘기야?" 네이단이 물었다.

"뭐랄까, 그 이야기는 내가 변화를 바라보는 방식 자체를 바꿔놓았어. 무언가를 잃는 것이라는 관점에서 무언가를 얻는다는 관점으로 말이야. 그 이야기는 내가 변화에 어떻게 대처해야 하는가를 알려줬지. 그 이후, 일에서든 삶에서든 모든 것이 빠르게 개선되었어. 처음에는 그 이야기가 학교에서나 들을 법한 너무 단순한 이야기처럼 느껴져서 좀 짜증이 났지만 곧 깨닫게 되었지. 내 짜증은 그 명백한 것을 미처 보지 못한 데 있었고, 변화가 일어났을 때 효과적으로 잘 대처하지 못한 나 자신에게 화가 나서 였다는 걸.

그 이야기에 나오는 등장인물 넷이 나의 다양한 모습을 보여준다는 걸 깨달았을 때, 나는 내가 그 이야기 속의 누구처럼 행동하고 싶은지 결심했고, 실제로 그렇게 행동했어.

나중에 그 이야기를 우리 회사 사람들 몇몇에게 들려주었고, 그들이 또 다른 사람들에게 전파했지. 곧 우리 사업은 이전보다 훨씬 더 잘되기 시작했어. 왜냐하면 이야기를 들은 동료들 대부분이 변화에 더 잘 적응하게 되었고, 나와 마찬가지로 그 이야기가 개인의 삶에도 큰 도움이 되었다고들 말하더라고.

하지만 그 이야기에서 배울 게 아무것도 없다고 말한 사람들도 있긴 있었어. 그 사람들은 이미 그 교훈들을 잘 알고 실천하며 산다기 보다는, 자신이 모든 것을 다 안다고 착각하며 새로운 걸 배우고 싶어 하지 않는 공통점이 있었지. 그래서 그들은 왜 그토록 많은 사람들이 그 이야기로부터 도움을 얻는다고 하는지 전혀 이해하지 못했어.

우리 회사 고위 임원 중 한 명도 그 이야기를 읽는 건 시간 낭비라고 단언했는데, 치즈 이야기를 아는 사람들은 그 임원이 그 이야기에 나오는 어떤 캐릭터와 비슷하다고 농담을 하곤 했지. 새로운 건 아무것도 배우려 하지 않고 좀처럼 변하지 않는 등장인물이 한 명 있거든."

"대체 그 이야기가 뭐야?" 안젤라가 물었다.

"우리는 그 이야기를 '누가 내 치즈를 옮겼을까?'라고 불러."

다들 웃었다.

"듣기도 전에 그 이야기가 좋아지려고 하는데." 카를로스가 말했다. "우리에게도 그 이야기를 들려줄래? 어쩌면 우리도 무언가를 얻을 수 있을지 몰라."

"물론이지. 기꺼이 들려주지. 그리 긴 이야기도 아니거든."

그렇게 마이클의 이야기가 시작되었다.

Who
Moved
My Cheese?

이야기:
누가 내 치즈를 옮겼을까?

옛날 옛적, 어느 먼 나라에 영양분과 행복을 제공해줄 치즈를 찾아 미로를 헤매고 다니는 작은 생명체 넷이 살고 있었다.

그중 둘은 스니프Sniff '코를 쿵쿵거리며 냄새를 맡다'라는 뜻와 스커리Scurry '종종걸음으로 급히 움직이다'라는 뜻라는 이름의 생쥐였고, 나머지 둘은 헴Hem '에헴' 하는 헛기침 소리 그리고 허Haw 말하기를 주저하거나 잠시 멈출 때 내는 소리이며 'hem and haw'는 '말을 하기 전에 망설이는 것'을 뜻한다라고 불리는 꼬마인간들이었다. 꼬마인간의 몸집은 생쥐처럼 작지만, 생김새나 행동은 현재의 우리들과 닮아 있었다.

그들의 작은 몸집 때문에 그들이 뭘 하고 있는지는 한 눈에 알아보기가 어렵다. 하지만 충분히 주의 깊게 들여다보면 아주 놀라운 장면을 목격할 수 있다!

날마다 생쥐들과 꼬마인간들은 자신만의 특별한 치즈를 찾아 미로 속을 헤집고 다녔다.

단순한 뇌와 뛰어난 본능을 가진 스니프와 스커리는 생쥐라면 다들 좋아하는, 조금씩 갉아먹기 좋은 딱딱한 치즈를 찾아다녔다.

두 꼬마인간 헴과 허는 행복과 성공을 가져다 주는 완전히 다른 종류의 치즈대문자 C로 시작하는를 찾기 위해, 수많은 신념과 감정으로 가득 찬 복잡한 두뇌를 사용했다.

생쥐와 꼬마인간은 서로 매우 달랐지만, 공통점도 있었다. 매일 아침, 조깅복을 입고 운동화를 신고 그들의 작은 집을 떠나 각자 좋아하는 치즈를 찾기 위해 미로를 질주한다는 점이었다.

미로는 많은 복도와 방들로 복잡하게 얽혀 있었고, 그중 몇 곳에는 맛있는 치즈가 있었다. 그리고 미로에는 어두운 모퉁이와 막다른 길도 있어서 길을 잃고 헤매기도 쉽지만, 올바른 길만 찾아낸다면 더 나은 삶을 즐길 수 있는 비밀이

숨겨진 곳이기도 했다.

스니프와 스커리는 단순한 시행착오의 방법을 사용해 치즈를 찾았다. 그들은 어떤 복도를 달려갔다가 그곳에 치즈가 없으면 돌아서서 다른 복도로 달려갔다. 그들은 치즈가 없는 복도를 기억해두고는 잽싸게 새로운 구역으로 뛰어들었다.

스니프가 뛰어난 후각을 이용해 치즈의 대략적인 방향을 알아내면 스커리가 앞장서서 달렸다. 쉽게 예상할 수 있듯이, 그들은 자주 길을 잃었고 잘못된 방향으로 가기도 했으며 심지어 벽에 부딪히기도 했다. 하지만 그런 시행착오의 시간을 거친 후에는 결국 그들의 길을 찾아냈다.

두 꼬마인간 헴과 허도 과거의 경험으로부터 생각하고 배우는 점은 생쥐들과 같았다. 그러나 그들은 치즈를 찾는 더 정교한 방법을 개발하기 위해 복합적인 두뇌를 사용했다. 때때로 잘 해낼 때도 있었지만, 주로 자신들의 소신과 감정으로 인해 혼란에 빠지는 경우가 많았다. 그것은 미로에서의 삶을 더 복잡하고 도전적인 것으로 만들었다.

그럼에도 불구하고, 스니프와 스커리, 헴과 허 모두 자신만의 방식으로 자기들이 찾던 것을 발견했다. 어느 날 그들 모두는 각자 좋아하는 치즈를 치즈창고 C에서 찾게 되었다.

그 후로 매일 아침, 생쥐들과 꼬마인간들은 달리기에 적합한 옷으로 갈아 입고 치즈 창고 C로 향했다. 오래 지나지 않아 그들에게는 각자의 루틴이 만들어졌다.

스니프와 스커리는 매일 아침 일찍 일어나 항상 같은 길로 미로를 통과했다.

목적지에 도착하면 생쥐들은 필요할 때 재빨리 신을 수 있도록 운동화를 벗어 끈으로 묶은 뒤 목에 걸었다. 그러고 나서 치즈를 맛있게 먹었다.

처음에는 헴과 허 또한 매일 아침 맛있는 새 치즈 조각이 기다리는 치즈 창고 C로 열심히 뛰어갔다.

그러나 며칠이 지난 후부터는 다른 루틴이 형성되었다. 헴과 허는 매일 조금씩 더 늦게 일어났고, 천천히 옷을 입었으며, 치즈 창고 C를 향해 느릿느릿 걸어갔다. 어쨌든 그들은 치즈가 지금 어디에 있고 그곳에 어떻게 가는지를 잘 알고 있기 때문이었다.

그들은 치즈가 어디서 왔는지, 혹은 누가 그것을 거기에 두었는지는 전혀 알지 못했다. 그저 치즈가 거기에 늘 있을 거라고 생각할 뿐이었다.

이제 헴과 허는 매일 아침 치즈 창고 C에 도착하면 느긋하게 자리를 잡고 편한 자세를 취하였다. 운동복은 벽에 걸어두고, 운동화는 슬리퍼로 바꿔 신었다. 그들은 자기들이 원하던 치즈를 이미 찾아냈기 때문에 편안한 생활에 젖어들고 있었다.

"정말 좋아. 우리가 평생 먹고도 남을 만큼 치즈가 많잖아." 헴이 말했다.

꼬마인간들은 마음 놓고 행복과 성공을 즐겼다.

머지않아 헴과 허는 치즈 창고 C에 있는 모든 치즈가 자기들 것이라고 여기게 되었다. 치즈의 양이 워낙 많았기 때문에 꼬마인간들은 집을 아예 창고 근처로 이사했고, 사회생활도 모두 그 근처에서 해결했다. 보다 안락한 환경을 만들기 위해 헴과 허는 좋은 글귀들로 벽을 장식하고 그 둘레에 자기들을 미소 짓게 만드는 치즈 그림을 그렸다. 글귀들 중 하나는 이런 것이었다.

치즈를 갖는 것은 당신을
행복하게 만든다.

가끔 헴과 허는 친구들을 데리고 와서 치즈 창고 C에 쌓여 있는 치즈 더미를 보여주며 자랑스럽게 말했다.

"정말 멋진 치즈야, 그렇지?"

그들은 맛좋은 '치즈'를 친구들에게 나눠 줄 때도 있었고 그렇지 않을 때도 있었다.

"우리는 이 치즈를 가질 자격이 있어. 이걸 찾기 위해 정말 오랜 시간 열심히 달렸으니까."

헴은 신선한 치즈 한 조각을 떼어 맛있게 먹으면서 말했다. 그러고는 자주 그랬듯이 스르르 잠에 빠져들었다. 매일 밤 꼬마인간들은 치즈로 배를 가득 채운 채 뒤뚱거리며 집으로 돌아왔고, 다음 날 아침이면 치즈를 더 먹기 위해 다시 창고로 향했다. 이런 생활이 꽤 오래 계속되었다.

그렇게, 헴과 허의 자신감은 성공의 오만함으로 변해갔다. 너무 편안해진 나머지, 그들은 무슨 일이 벌어지고 있는지 전혀 눈치채지 못했다.

반면, 스니프와 스커리는 시간이 흘러도 자신들의 처음 루틴을 계속 지켜갔다. 아침 일찍 도착해서 혹시 어제와 다른 변화가 생긴 것은 아닌지 킁킁거리며 냄새를 맡아보고 긁어보기도 하면서 창고 주위를 바쁘게 돌아다녔다. 그런

후에야 앉아서 치즈를 조금씩 갉아먹었다.

그러던 어느 날 아침, 스니프와 스커리가 치즈 창고 C에 도착했을 때, 치즈가 흔적도 없이 사라진 것을 알게 되었다.

생쥐들은 놀라지 않았다. 스니프와 스커리는 치즈의 공급이 매일 조금씩 줄어들고 있다는 걸 이미 감지하고 있었기 때문에, 나중에 닥칠 불가피한 상황에 대비하고 있었고 본능적으로 무엇을 해야 할지 알고 있었다.

그들은 서로를 바라보았고, 한데 묶어 편리하게 목에 두르고 있던 운동화를 풀어 바로 신고서 끈을 동여맸다.

생쥐들은 사태를 지나치게 분석하지 않았다. 그들에게는 문제와 해결 방법이 모두 간단했다. 치즈 창고의 상황이 변했기 때문에 그들 자신도 변하기로 결정한 것이다.

그들은 미로를 향해 눈을 돌렸다. 스니프가 코를 높이 들어 킁킁 냄새를 맡은 후 스커리에게 고개를 끄덕이자, 스커리가 알았다는 듯이 앞장서서 미로를 향해 달려나갔다. 스니프는 전력을 다해 스커리의 뒤를 따라 내달렸다.

그렇게 생쥐들은 신속하게 새 치즈를 찾아 떠난 것이다.

같은 날 좀 더 늦은 시간에 헴과 허도 치즈 창고 C에 도착했다. 그들은 매일 조금씩 일어나고 있던 작은 변화에 주의를 기울이지 않았고, 항상 치즈가 거기에 있을 거라고 여겼으므로 지금 그들이 맞닥뜨린 현실에 전혀 준비가 되어 있지 않은 게 당연했다.

"이게 뭐야! 설마 치즈가 사라졌다고?"

헴이 고함쳤다. 그는 계속해서 "치즈가 없다고? 치즈가 진짜로 없어?"라고 소리를 질러댔다. 마치 누군가 그 소리를 들으면 치즈를 다시 갖다 놓기라도 할 것처럼.

"누가 내 치즈를 옮긴거야?" 그는 소리쳤다.

마침내 그는 두 손을 허리에 얹고 시뻘게진 얼굴로 목청껏 비명을 내질렀다.

"어떻게 나한테 이런 일이 일어날 수 있느냔 말이야!"

옆에 있던 허는 그저 믿기지 않는다는 듯 고개를 가로저을 뿐이었다. 그도 치즈 창고 C에서 계속 치즈를 찾을 수 있을 거라 확신하고 있었다. 그는 충격으로 얼어붙은 채 오랫동안 그대로 서 있었다. 이런 상황에 전혀 준비되어 있지 않았던 것이다.

헴이 이러쿵 저러쿵 고함치고 있었지만, 허는 더 이상 듣고 싶지 않았다. 그는 자신이 처한 상황을 직시하고 싶지 않아서, 그냥 외면하고 있었다.

꼬마인간들이 보인 반응은 옹색하고 비생산적이었지만, 한편으로는 이해가 갈 만도 했다.

새로운 치즈를 찾는 건 쉬운 일이 아니었고, 또 이들에게 있어 '치즈'란 단순히 배를 불리는 일용할 양식 이상의 의미를 지니고 있었기 때문이다.

꼬마인간들에게 치즈는, 자신들이 행복해지기 위해 반드시 필요한 것이었다. 꼬마인간들은 각자의 취향에 따라 치즈의 의미에 대한 자신만의 생각을 가지고 있었다.

누군가에게 치즈를 갖는다는 것은 물질을 소유하는 것이고, 다른 누군가에게는 건강을 누리는 것이며, 또 다른 누군가에게는 이상적인 삶을 위해 영적인 감각을 발전시키는 일을 의미하기도 했다.

허에게 있어 '치즈'란 안전함을 느끼게 해주고, 언젠가 사랑하는 가족과 함께 체더 레인Cheddar Lane 허가 꿈꾸는 편안하고 이상적인 생활을 상징적으로 표현한 것으로, 체더 치즈에서 이름을 따온 가상의 유토피아에 있는 아늑한 오두막에서 오순도순 사는 것을 의미했다. 그런가하면, 헴의 경우에는 많은 사람들을 대표하는 중요한 인물이 되어 카망베르Camembert 표면에 흰 곰팡이가 두

텁게 형성되어 있는 맛이 진하고 부드러운 치즈로 프랑스 치즈 중 명품으로 손꼽힌다 언덕 꼭대기에 큰 집을 소유하는 것이었다.

치즈가 그만큼 그들 인생에 중요했기 때문에, 두 꼬마인간들은 이제부터 뭘 해야 할지를 결정하는데 오랜 시간을 쓸 수밖에 없었다. 그들이 당장 생각할 수 있는 일이라곤 치즈가 사라진 치즈 창고 C 를 여기저기 살피며, 진짜 없어진 게 맞나를 거듭 확인하는 일이었다.

스니프와 스커리는 변화를 수용하고 주저없이 행동으로 옮겼지만, 헴과 허는 계속해서 망설이고 주저하면서 시간을 보냈다.

헴과 허는 이 부당한 상황에 대해 소리지르며 분노를 드러냈고 허는 곧 우울감에 빠지기 시작했다. '만일 내일도 치즈가 없으면 어떻게 해야 하지?' 지금까지 허는 창고에 치즈가 있다는 전제하에서만 미래의 계획을 세워 왔다.

꼬마인간들은 이 상황을 믿을 수 없었다. 어떻게 이런 일이 일어날 수 있단 말인가? 아무도 그들에게 경고해주지 않았다. 이건 옳지 않다. 이래서는 안 되는 일이었다.

헴과 허는 그날 밤 허기진 배를 움켜쥔 채 낙담하며 집으로 돌아갔다. 떠나기 전에, 허는 벽에 문장을 적었다.

당신의 치즈가 소중할수록,
당신은 그것을 더욱 붙잡고 싶어한다.

다음 날 두 꼬마인간은 혹시나 치즈가 있을까 기대하면서 치즈 창고 C로 향했다. 그러나 상황은 변하지 않았고 치즈는 더 이상 거기에 없었다. 꼬마인간들은 뭘 해야 할지 몰랐다. 헴과 허는 망연자실한 채 한참을 멍하니 서 있었다.

허는 두 눈을 질끈 감고 손으로 두 귀를 막았다. 모든 것을 닫아버리고 싶었다. 그는 치즈의 공급이 점차 줄어들고 있었다는 사실을 받아들일 수 없었고 어느 날 갑자기 송두리째 사라진 거라고 믿었다.

헴은 계속해서 상황을 분석하다가 마침내 거대한 신념 체계와 복합적인 두뇌를 가동하여 사태를 파악하기 시작했다. "왜 내게 이런 일이 일어난거지?" 그는 알아내야 했다. "대체 여기서 무슨 일이 벌어졌던 거지?"

마침내 허가 눈을 뜨고 주위를 둘러보며 말했다. "그런데 스니프와 스커리는 어디 있지? 혹시 그들은 우리가 미처 몰랐던 무언가를 알고 있었던 게 아닐까?"

헴이 비웃었다. "걔들이 뭘 알았겠어? 걔들은 그냥 생쥐라고. 무슨 일이 일어나면 단순히 반응할 뿐인 애들이야. 우리는 생쥐보다 더 똑똑한 꼬마인간이잖아. 우린 이 상황을 해결할 수 있어."

"나도 우리가 더 똑똑하다는 건 알아. 하지만 지금 이 순간엔 우리가 생쥐들보다 더 똑똑하게 행동하고 있는 것 같지 않아. 헴, 이곳의 상황이 변하고 있어. 어쩌면 우리도 바뀌어야 하고 지금과는 다르게 행동해야 할지 몰라."

헴이 되물었다. "왜 우리가 변해야 하지? 우리는 꼬마인간이야. 우리는 특별해. 이런 일은 우리에게 일어나서는 안 돼. 만약 일어난다고 해도, 최소한 약간의 보상이라도 받아야 해."

"왜 우리가 보상을 받아야 하는데?" 허가 물었다.

"우리는 그럴 권리가 있으니까." 헴이 주장했다.

"무슨 권리?" 허는 정말로 궁금했다.

"우리는 우리의 치즈를 받을 권리가 있지."

"왜?"

"우리가 이 문제를 일으킨 게 아니니까. 다른 누군가가 이 일을 벌였어. 그러니 우리는 무언가를 받아야만 해." 헴이 말했다.

허가 한 가지 제안을 했다.

"그냥, 상황을 지나치게 분석하는 것을 그만두고 새로운 치즈를 찾아 나서는 게 어떨까?"

"안돼, 그럴 순 없어. 나는 이 문제를 끝까지 파헤칠 거야." 헴이 반박했다.

헴과 허가 아직 뭘 할지 결정하지 못하고 있는 동안, 스니프와 스커리는 이미 제 갈 길을 가고 있었다. 그들은 더 깊은 미로 속으로 들어가서 좁은 통로를 오르내리며 치즈가 있을 만한 모든 창고를 찾아다녔다.

오직 새 치즈를 찾아야 한다는 것 외에는 그 어떤 생각도 하지 않았다.

수많은 시행착오 끝에 마침내 그들은 전에 한 번도 가본 적이 없는 미로 속의 한 구역으로 들어섰다. 치즈 창고 N이었다.

그들은 너무 기뻐 비명을 내질렀다. 그토록 찾아 헤맸던 어마어마한 양의 새 치즈를 그곳에서 발견한 것이었다. 눈으로 보고도 믿기지가 않았다. 난생 처음 보는 초대형 치즈 창고였다.

스니프와 스커리가 감격에 젖어있는 동안, 헴과 허는 여전히 치즈 창고 C에서 사태를 분석하고 있었다. 그들은 이제 치즈의 부재로 인한 결과에 고통받고 있었다. 불만과 분노가 차오르고 사태의 책임을 서로에게 돌리기 시작했다.

이따금 허는 생쥐 친구들이 새 치즈를 찾았는지 궁금했다. 그들이 어디에 있을지도 모르는 치즈를 찾아 힘들게 뛰어다니고 있을 거라는 생각이 들었고, 그들이 치즈를 찾기까지 그리 오래 걸리지 않을 것 같다는 느낌도 들었다.

가끔 허는 스니프와 스커리가 새 치즈를 찾아내어 즐기고 있는 모습을 상상했다. 그리고 자신이 미로 속에서 모험을 하며 신선한 새 치즈를 찾아낸다면 얼마나 좋을지 생각해보았다. 그는 마치 그 치즈를 지금 바로 눈앞에서 먹고 있는 듯이 실감나게 그려 보기도 했다.

새 치즈를 찾고 즐기는 자신의 모습을 분명하게 상상하면 상상할수록, 허는 치즈 창고 C를 떠나는 자신의 모습을 자주 떠올리게 되었다.

"나가자!" 허가 갑자기 외쳤다.

"싫어." 헴이 재빠르게 거절했다.

"나는 여기가 좋아. 여긴 편하잖아. 내가 알아. 다른 곳은 위험천만해."

"그렇지 않아. 우린 전에도 미로 곳곳을 누비고 다녔잖아. 다시 시작할 수 있어." 허가 소리 높여 설득했다.

"그러기엔 내가 너무 늙었어. 길을 잃고 헤매는 멍청이가 되고 싶지도 않고 두렵기도 해. 너는 그렇지 않아?" 헴이 말했다.

그 말을 듣자 허의 마음에 실패에 대한 두려움이 고개를 들었고, 새 치즈에 대한 희망도 갑자기 사라졌다.

그래서 매일 그들은 하던 일을 되풀이했다. 치즈 창고 C에 가고, 치즈가 없다는 것을 확인하고, 걱정과 좌절을 안고 집으로 돌아왔다. 그들은 현실을 부정하려고 노력했지만, 날이 갈수록 잠들기가 어려워졌고, 다음 날이면 더욱 의욕이 없어졌으며 점점 더 짜증이 밀려오기 시작했다. 그들의 집은 더 이상 예전과 같은 안식의 장소가 아니었다. 꼬마인간들은 불면증에 고통받고, 어떤 치즈도 발견하지 못하는 악몽에 시달렸다.

그러나 헴과 허는 여전히 치즈 창고 C로 가서 하염없이 기다렸다.

헴이 말했다. "우리가 좀 더 열심히 찾아보면 상황이 많이 변하지 않았다는 것을 알게 될 거야. 치즈는 이 근처에 있을지도 몰라. 어쩌면 저 벽 뒤에 숨겨져 있을지도 모르지."

다음 날 헴과 허는 치즈 창고 C로 연장을 가지고 갔다. 헴이 끌을 벽에 대고 있으면, 허가 망치로 쳤다. 그렇게 창고 벽에 구멍을 낼 때까지 계속 작업했다. 그들은 기대에 차서 구멍 안을 들여다보았지만, 역시나 치즈는 없었다.

실망스럽긴 했지만, 헴과 허는 여전히 문제를 해결할 수 있다고 믿었다. 그래서 더 일찍 작업을 시작하고, 더 오래 머물며, 더 열심히 일했다. 그러나 남은 것은 벽에 뚫린 커다란 구멍들밖에 없을 뿐, 허는 자신이 하고 있는 일이 아무 소득도 없이 무의미하다는 것을 깨닫기 시작했다.

헴이 말했다. "어쩌면 그냥 여기에 앉아서 무슨 일이 일어나는지 지켜보는 게 나을지도 몰라. 조만간 누군가가 다시 치즈를 제자리에 가져다 놓겠지."

허는 그 말을 믿고 싶었다. 그래서 매일 집에 가서 쉬고, 원하지는 않았지만 헴과 함께 치즈 창고 C로 가는 일을 반복했다. 그러나 치즈는 어디에도 나타나지 않았다.

날이 갈수록 꼬마인간들은 굶주림과 스트레스로 인해 약해졌다. 허는 사태가 호전되기를 기다리는 것에 몹시 지처가고 있었다. 사라진 치즈에 대해 집착하면 할수록 도리어 상황이 점차 악화된다는 것을 깨닫기 시작했다.

허는 예전 같지 않은 무기력함을 느끼며 허탈한 웃음을 지어보였다.

"허허, 우릴 한번 들여다보자. 같은 일만 계속 반복하면서 왜 상황이 나아지질 않는지 의아해하고 있잖아. 이런 말도 안 되는 상황만 아니었더라면 더 재미있었을걸."

허 역시 미로 속을 다시 달리고 싶지는 않았다. 치즈가 어디에 있을지 알 수도 없고, 그 속에서 길을 잃을 게 뻔하기 때문이었다. 하지만 그 두려움 때문에 이러고 있는 한심한 자신에 대해 웃음밖에 나오지 않았다.

"운동화를 어디에 뒀지?" 허가 헴에게 물었다. 그들은 치즈 창고 C에서 치즈를 찾았을 때, 다시는 필요 없으리라 생각하며 모든 것을 멀리 팽개쳐두었기 때문에 한참을 뒤져서야 겨우 찾아낼 수 있었다.

운동화를 신고 뛸 채비를 하고 있는 친구의 모습을 바라보며 헴이 물었다.

"너, 설마 미로로 다시 가려는 건 아니지? 누가 치즈를 가져다 놓을 때까지 나랑 같이 기다리는 게 어때?"

허가 말했다. "너는 아직도 상황을 파악하지 못하고 있어. 나도 치즈를 찾으러 나가고 싶지는 않아. 하지만 이제 깨달았어. 누구도 예전의 치즈를 다시 가져다 놓지 않을 거야. 이제는 새 치즈를 찾아 떠나야 할 때야."

헴이 대들었다. "하지만 다른 곳에도 치즈가 없으면 어떡해? 만일 다른 곳에 있다고 치자, 우리가 찾아내지 못한다면 어쩔건데?"

"나도 몰라." 허가 말했다.

허도 같은 질문을 스스로 수없이 했고, 매번 그 자리에 머물게 만들었던 두려움에 다시 사로잡혔다.

그는 자신에게 물었다. '치즈를 찾을 가능성이 더 높은 곳은 어디일까? 여기일까, 미로 속일까?'

허는 마음속으로 자신이 활짝 웃는 채로 미로를 탐험하고 있는 모습을 상상해봤다.

그 상상에 스스로 놀라면서도 기분이 좋아지는 것을 느꼈다. 미로 속에서 이따금 길을 잃을 수 있다는 것도 알고 있다. 하지만 결국에는 새 치즈를 찾을 수 있을 것이고, 여러가지 좋은 일들이 함께 생길 거란 확신이 들면서 용기가 나기 시작했다.

허는 상상력을 동원하여 자신이 새 치즈를 찾아 즐기는 모습에 대해 현실적이고 구체적인, 가장 가능할법한 그림을 그려보았다.

구멍이 뚫린 스위스 치즈, 밝은 오렌지색의 체더 치즈와 아메리칸 치즈, 이탈리아의 모차렐라 치즈, 그리고 놀랍도록 부드러운 프랑스의 카망베르 치즈….

순간, 그는 헴이 뭐라고 구시렁거리는 걸 듣고서야 자신이 아직도 치즈 창고 C에 있다는 현실을 자각했다.

"헴, 우리 주위의 환경은 시시각각 변해왔고, 지금도 마찬가지야. 그게 인생이야! 세상은 끊임없이 변하고 움직이고 있어. 그래서 우리도 그렇게 변해야 해."

허는 부쩍 수척해진 헴을 설득하려고 시도했으나 헴의 두려움은 이내 분노로 바뀌었고 친구의 말을 전혀 들으려 하지 않았다.

허는 무례하게 굴 의도는 아니었는데, 현재 자신과 친구의 어리석음을 지켜보자니 쓴웃음이 새어나왔다.

떠날 준비를 마쳤을 때, 허는 자신이 한층 더 살아있다는 느낌을 받았고, 마침내 자신을 향하여 흡족한 웃음을 날리며 한 발자국씩 나아갈 수 있었다.

허는 웃으며 당당하게 외쳤다.

"자, 이제 미로를 탐험할 시간이야!"

그러나 헴은 웃지도 않고, 아무런 반응도 보이지 않았다.

허는 헴이 나중에라도 보고 깨달을 수 있도록, 작고 날카로운 돌을 하나 집어들어 벽에 진지한 성찰의 문장을 적기 시작했다. 헴이 다시 웃음을 찾고, 기운을 차리고, 새로운 치즈를 향해 떠날 수 있기를 바라는 염원을 담아 치즈 그림도 함께 그려 넣었다.

헴은 쳐다보려고도 하지 않았지만.

변하지 않으면,
살아남을 수 없다.

허는 머리를 밖으로 내밀고 걱정스러운 눈초리로 미로를 응시했다. 그는 그동안 치즈가 없는 상황에 너무 고착되어 있었다는 것을 알게 되었다.

이전까지는 미로 속에 더 이상 치즈가 없거나, 혹은 있어도 찾을 수 없을 거라 믿었다. 그러한 두려움의 단정이 그를 속박하고 그를 한없이 무기력하게 만들었던 것이다.

허는 미소를 지었다. 헴은 '누가 내 치즈를 옮겼을까?'라는 생각에 빠져있겠지만, 자신은 '왜 조금 더 일찍 자리를 박차고 일어나 치즈를 찾아 나서지 못했던 걸까?'라는 생각에 빠져들고 있었다.

허는 미로로 나아가면서 뒤를 돌아보았다. 한동안 치즈를 찾지 못해 낭비한 시간이 있었음에도 불구하고 그가 한때는 편안하다고 느꼈던 그곳이 여전히 자신의 발목을 잡아당기고 있었다.

허는 점점 불안해졌고, 정말로 자신이 미로 속으로 다시 들어가고 싶은지를 스스로에게 계속 묻고 있었다. 그는 눈앞의 벽에 다음과 같은 문구를 적고 한참 동안 바라보았다.

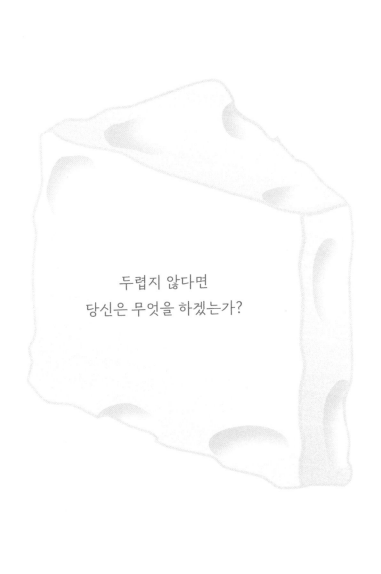

두렵지 않다면
당신은 무엇을 하겠는가?

허는 이 글에 대해 생각해보았다.

때로는 약간의 두려움이 도움이 될 수 있다는 것을 알고 있다. 아무것도 하지 않으면 상황이 더 나빠질 거라는 두려움은 우리를 행동하게 만든다. 하지만 너무 두려운 나머지 어떤 행동도 할 수 없다면 그것은 옳지 않다.

허는 오른쪽 미로를 쳐다보았다. 그곳은 한 번도 가본 적이 없는 곳이다 보니 다시 두려운 마음이 엄습했다.

그는 깊게 숨을 들이마시고는 오른쪽으로 몸을 돌려, 미지의 세계를 향해 천천히 발걸음을 떼고 달려나갔다.

허는 길을 찾으려고 애쓰면서 그동안 자신이 치즈 창고 C에서 너무 오랫동안 기다려왔음을 자각하게 되었다. 장시간 치즈를 먹지 못해서 몸과 마음이 약해지다 보니 미로를 통과하는데 평소보다 시간이 오래 걸리고 힘들었다.

그는 만약 다음에 이런 경우가 생긴다면, 주저 없이 안전지대를 벗어나 변화에 적응하리라고 다짐했다. 그렇게 해야 상황이 더 쉬워질 것이란 걸 알게 되었다.

허는 옅은 미소를 지어 보이며 말했다. "그래도 늦게라도 하는 편이 안 하는 것보다는 낫지."

며칠 동안 허는 여기저기에서 약간의 치즈를 발견했지만, 아쉽게도 오래 먹을 만한 양이 아니었다. 허는 헴을 미로로 다시 나오게 할 만큼의 충분한 치즈를 찾고 싶었다. 그러나 허 자신도 아직 확신이 없었다. 그는 자신이 미로 속에서 당황하고 있음을 인정해야만 했다. 이전에 미로를 헤매고 다닐 때와는 많은 것이 바뀐 것 같았다.

조금 앞으로 나아갔나 싶으면 통로에서 길을 잃기 일쑤였다. 이제 좀 전진했나 싶으면 다시 후진해야 했다. 매순간 도전이었지만, 미로로 돌아와 치즈를 찾는 것은 그가 두려워했던 것만큼 나쁘지는 않았다.

시간이 지나면서 그는 새 치즈를 발견할 수 있을 거라는 애초의 기대가 과연 현실적이었는지 의심이 들었다. 자신이 가질 수 있는 것보다 더 많은 것을 탐한 것은 아니었는지 의문이 들기도 했다. 어쨌거나 지금은 당장 먹을 수 있는 것이 아무것도 없다는 걸 깨닫고 헛웃음이 나왔다.

허는 낙담될 때 마다, 지금 하고 있는 일이 불편하고 힘들지만, 치즈가 없는 상황 속에 그대로 있는 것보다는 훨씬 낫다고 스스로를 다독였다. 그는 어떤 상황이 자신에게 일어나기를 손 놓고 기다리기 보다는 자발적으로 상황을 통제하는 쪽을 선택했다.

그리고 허는 생각했다. 스니프와 스커리가 할 수 있다면, 자신도 할 수 있다고!

그제서야, 허는 그가 처음에 믿었던 것처럼 치즈 창고 C의 치즈가 하룻밤 사이에 사라져버린 게 아니었음을 알게 되었다. 치즈의 양은 조금씩 줄어들고 있었고, 남은 치즈는 오래 묵혀져 가고 있었다. 맛도 예전 같지 않았다.

그들이 알아채지 못했던 동안에, 어쩌면 오래된 치즈에는 곰팡이가 피기 시작했는지 모른다.

그가 신경을 썼더라면 무슨 일이 일어나고 있는지 정도는 알 수 있었을텐데, 그는 전혀 그러지 못했다.

만약에 허가, 일어나고 있는 일을 잘 지켜보며 앞으로 일어날 변화를 예상했더라면, 결과에 대해서도 그렇게 놀라지는 않았을 것이다. 그 일을 스니프와 스커리는 하고 있었던 것이다.

허는 지금부터 정신을 바짝 차리기로 결심했다. 일어날 변화를 예상하고, 실제 일어났을 때 감지하는 본능을 신뢰하고, 변화에 적응할 준비를 해야 한다고 말이다.

그는 잠시 쉬면서 미로의 벽에 다음과 같이 적었다.

치즈 냄새를 자주 맡아보면,
치즈가 상해가는지 알 수 있다.

한참을 헤맨 끝에, 허는 희망이 보이는 거대한 치즈 창고를 발견했다. 규모로 보아 맛있고 싱싱한 치즈가 가득할 것 같았다. 그러나 막상 들어가 보니 실망스럽게도 텅 비어 있었다. 허탈감에 다시 포기하고 싶은 마음이 찾아왔다.

허는 체력이 고갈되고 있었다. 길을 잃고 살아남지 못할까 봐 두려웠다. 그는 치즈 창고 C로 다시 돌아갈까도 생각해봤다. 최소한 거기에는 헴이 있으니 외롭지는 않을 터였다. 그때 허는 스스로에게 좀전의 질문을 다시 던졌다. "두렵지 않다면 무엇을 하겠는가?"

허는 두려움을 극복했다고 생각했지만, 실제로는 자신이 생각하는 것보다 더 자주 두려워하고 있었다. 왜 두려운지는 확실히 모르겠지만, 적어도 몸이 쇠약해진 상태에서 혼자 있는 것을 두려워한다는 사실을 알게 되었다. 의식하지 못했지만, 두려움에 짓눌려 잘 뛰지 못하고 있었다.

허는 지금쯤 헴이 움직이기 시작했는지, 아니면 여전히 두려움에 사로잡혀 그대로 있는지 궁금했다. 그러다 자신이 미로에서 가장 행복했던 때를 떠올렸다. 그것은 미로를 따라 계속 움직이고 있을 때였다. 그는 벽에 글을 썼다. 이 글은 헴을 위한 것이기도 했지만, 자기 자신을 위한 것이기도 했다.

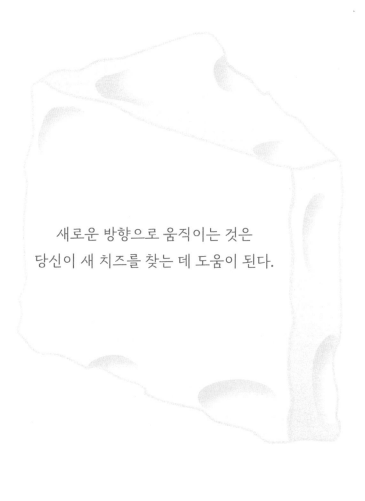

새로운 방향으로 움직이는 것은
당신이 새 치즈를 찾는 데 도움이 된다.

허는 어두운 통로를 바라보며 또다시 두려움을 느꼈다. 저 앞에 뭐가 있을까? 텅 비어 있을까? 위험이 도사리고 있는 건 아닐까? 그에게 일어날 수 있는 모든 종류의 공포가 그의 상상력을 자극했다. 갑자기 죽을 만큼 무서워졌다.

허는 그런 자신의 모습을 보고 웃음지었다. 다른 무엇도 아닌 '두려움'이 상황을 더 나쁘게 만들고 있음을 알았던 것이다. 그래서 그는 두렵지 않다면 할 수 있는 그 일을 했다. 그렇게 그는 새로운 방향으로 나아갔다.

허는 어두운 복도를 뛰어 내려가면서 미소를 지었다. 그는 자신도 미처 깨닫지 못하는 사이에 자신의 영혼을 비옥하게 만드는 자양분을 발견하고 있었다. 비록 그게 무엇인지는 정확히 몰라도, 그는 자기 앞에 놓인 상황들을 믿으며 나아갔다.

놀랍게도, 허는 점점 더 기분이 유쾌해졌다.

"왜 이렇게 기분이 좋지? 나한테는 치즈도 없고 어디로 가고 있는지조차 모르는데."

얼마 지나지 않아 그는 그 이유를 알 것만 같았다.

허는 다시 멈춰 서서 벽에 글을 썼다.

두려움을 떨쳐버리면
기분이 좋아진다!

허는 스스로 만든 두려움에 지배되고 있었다는 걸 깨달았다. 새로운 방향으로 움직이는 것이 그를 자유롭게 했다.

신선하고 시원한 미풍이 미로의 저편에서 불어왔다. 심호흡을 하고 나니 한결 기운이 솟는 것 같았고, 두려움을 떨쳐내니 생각했던 것보다 훨씬 더 즐길 수 있었다.

허는 오랫동안 이런 기분을 느끼지 못했었다. 그는 목표를 향해 가는 것이 얼마나 재미있는 일인지를 거의 잊고 살았던 것이다.

허는 지금의 상황을 더 개선하기 위해 마음속으로 그림을 그리기 시작했다. 체더 치즈에서 브리치즈까지, 그가 좋아하는 모든 치즈가 산더미처럼 쌓여 있고, 온갖 종류의 치즈에 둘러싸여 자기가 좋아하는 치즈를 먹으며 즐기는 모습을 구체적으로 상상해봤다! 상상 자체만으로도 즐거웠다!

그가 새로운 치즈를 즐기는 자신의 모습을 명확하게 그리면 그릴수록, 그것은 현실에 더 가까이 다가서는 것 같았다. 허는 자신이 새 치즈를 찾을 수 있을 거라는 확신이 들었다.

그는 다음과 같이 벽에 써내려 갔다.

새로운 치즈를 즐기는 상상은
당신을 새로운 치즈로 인도한다.

허는 그동안 잃은 것보다 앞으로 얻을 것에 대해 계속 생각했다. 그는 그동안 자신이 왜 변화를 부정적으로 생각해왔는지 의아했다. 이제 그는 변화가 더 좋은 결과로 이어질 수 있다는 걸 깨달았다.

"왜 이전에는 몰랐을까?" 그는 자신에게 물었다.

허는 더 힘을 내 경쾌하게 미로 속을 달렸다. 얼마 지나지 않아 치즈 창고를 발견할 수 있었다. 치즈 몇 조각이 입구에 있는 것을 보고, 허는 흥분했다. 그것은 전에 본 적이 없는 종류의 먹음직한 치즈였다. 역시나 맛도 훌륭했다. 새 치즈 조각을 거의 다 먹은 후, 일부는 나중에 먹거나 헴을 만나면 주려고 주머니에 챙겼다. 허는 다시 기운을 찾았다.

허는 큰 기대감을 갖고 치즈 창고 안으로 들어갔다. 그러나 실망스럽게도 창고 안은 비어 있었다. 누군가 이미 그곳에 왔다가 새 치즈 몇 조각만 남겨놓고 떠난 것이다.

만약 그가 조금만 더 일찍 움직였더라면 엄청난 양의 새 치즈를 발견할 수 있었을텐데…

허는 다시 돌아가 혹시 헴이 이제는 자신과 함께 미로를 향해 나갈 준비가 되었는지 확인해보기로 마음먹었다. 그는 지금까지 온 길을 되짚어가다가, 벽에 글을 썼다.

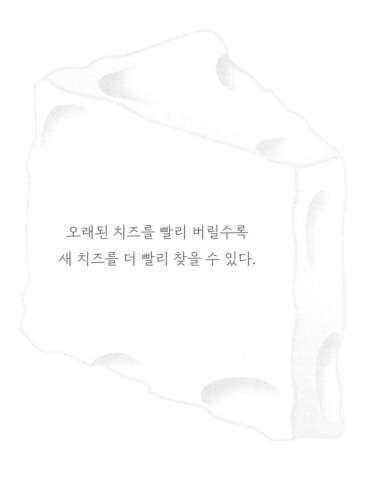

오래된 치즈를 빨리 버릴수록
새 치즈를 더 빨리 찾을 수 있다.

얼마 후, 허는 치즈 창고 C로 돌아가 헴을 만났다. 그는 헴에게 새 치즈 몇 조각을 건넸지만 거절당했다.

헴은 친구의 호의를 고마워했지만 이렇게 말했다. "나는 새로운 치즈를 좋아할 것 같지 않아. 익숙하지 않잖아. 나는 내가 원래 먹던 치즈를 원해. 내가 원하는 치즈가 나타날 때까지 기다릴 거야."

허는 실망해서 고개를 저으며 무거운 발걸음으로 다시 길을 떠났다. 미로에서 가장 멀리 갔던 지점까지 돌아가는 내내 친구가 그리웠지만, 한편으로는 자신이 탐험을 좋아한다는 사실을 처음으로 알게 되었다. 풍부하고 새로운 치즈를 찾기도 전에 이렇게 즐겁다면 결국 그를 행복하게 만드는 것은 치즈를 먹는 일만이 아니었다.

그는 두려움에 휘둘리지 않고 스스로 앞으로 나아가는 지금이 행복했다. 이 사실을 깨닫자 허는 자신이 치즈 창고 C에 머물러 있을 때만큼 약하다고 느껴지지 않았다. 두려움에 굴복하지 않고 새로운 방향으로 나아가고 있다는 사실만으로도 기운이 나고 힘이 생겼다.

이제 그에게 치즈를 찾는 것은 단지 시간 문제일 뿐이라고 여겨졌다. 사실, 그는 자신이 찾고 있는 것을 이미 찾았다고 느끼며 잔잔한 미소를 지어 보였다.

치즈가 없는 상황에 머무는 것보다
미로를 탐색하는 것이 더 안전하다.

허는 예전에 마음속으로 상상했던 두려움이 실제로는 별것이 아니었다는 사실을 깨달았다. 마음속에서 키워가는 두려움의 허상은 실제의 그것보다 더 고약했다.

예전의 그는 새로운 치즈를 찾지 못할까 봐 두려워서 떠날 시도조차 하기 싫어했다. 하지만 막상 여정을 시작하자, 미로 속에서 자신을 버틸 수 있게 해주는 충분한 치즈를 계속해서 발견해 나갔다. 이제는 더 많은 치즈를 찾기 위해 나아가고 있다. 그저 앞을 내다보는 것만으로도 가슴이 뛰었다.

예전의 그는 걱정과 두려움으로 정신이 흐려져 있었다. 치즈가 충분하지 않거나 원하는 만큼 오래가지 않을까 봐 걱정했었고, 잘 될 가능성보다는 잘못될 가능성에 대해 더 많이 염려하곤 했다.

하지만 치즈 창고 C를 떠난 후부터는 그런 생각이 변했다. 예전에는 치즈가 결코 옮겨져서는 안 되고 변화는 좋지 않다고 믿었지만, 변화란 예상했든 못했든 계속해서 발생하는 자연스러운 현상임을 인정하게 되었다. 단지 우리가 외면하거나 예측하지 못하고 있을 때에만 변화에 깜짝 놀라게 되는 것이다. 허는 멈춰 서서 벽에 다음과 같이 적었다.

낡은 사고방식은 당신을
새 치즈로 이끌지 못한다.

아직 치즈 창고를 발견하지 못했지만, 허는 미로를 달리면서 그동안 배운 것을 되뇌었다.

이제 그는 새로운 신념이 새로운 행동을 이끌어낸다는 것을 깨달았다.

실제로 그는 전에 빈 치즈 창고로 매일 무의미하게 왕복하던 때와는 완전히 다르게 행동하고 있다.

사고방식을 바꾸면 행동도 바뀐다.

누군가는 변화가 해를 끼칠 것이라고 믿으며 저항할 수도 있다.

하지만 어떤 사람은 새로운 치즈를 찾는 것이 도움이 될 것이라고 믿으며 변화를 받아들인다.

이 모든 것은 무엇을 믿는가에 따라 달라질 수 있는 선택의 문제이다.

그는 벽에 다음과 같이 적었다.

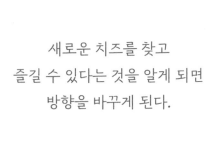

새로운 치즈를 찾고
즐길 수 있다는 것을 알게 되면
방향을 바꾸게 된다.

허는 변화를 더 민감하게 받아들이고 치즈 창고 C를 좀 더 일찍 떠났더라면, 자신이 지금보다 더 나은 상황에 있었으리란 걸 알았다. 그의 몸과 정신은 지금보다 더 강했을 것이고, 새로운 치즈를 찾는 도전에도 더 잘 대처할 수 있었을 것이다. 그가 이미 일어난 변화를 부인하느라 시간을 낭비하지 않고 미리 변화를 예상했더라면 지금쯤 그는 치즈를 찾았을 것이다.

허는 다시 상상력을 발휘해 새로운 치즈를 찾아내어 음미하는 자신을 떠올렸다. 미로의 잘 알려지지 않은 구역으로 더 나아가자 여기저기서 작은 치즈 조각들이 발견됐다. 허는 힘과 자신감을 되찾기 시작했다.

그는 자신이 어디에서 왔는지를 생각하면서 곳곳의 벽에 글을 써 놓길 잘했다는 생각이 들었다. 만약 헴이 치즈 창고 C를 떠나기로 마음먹는다면, 그 글들은 헴이 미로를 잘 통과할 수 있도록 도움이 될 것이다.

허는 자신이 올바른 방향으로 가고 있기를 바랐다. 그는 헴이 벽에 쓰인 손글씨를 읽고 길을 찾아낼 가능성에 대해 생각하면서, 한동안 머릿속에 있던 것을 벽에 적기 시작했다.

작은 변화를 일찍 알아차리면
다가올 더 큰 변화에
쉽게 적응할 수 있다.

이제 허는 과거를 놓아주고 현재에 적용하고 있다.

그는 힘을 내어 속도를 높이며 미로 속을 계속 나아갔다. 그리고 얼마 지나지 않아, 바라던 일이 이루어졌다.

영원히 미로에 갇힐지도 모른다고 생각하던 그때, 그의 여정에 갑작스러운 행복한 결말이 찾아왔다.

처음 가보는 낯선 통로를 한참 지나, 모퉁이를 막 돌았던 순간, 마침내 새로운 치즈로 가득한 치즈 창고 N을 발견한 것이었다!

허는 안으로 들어가자마자 눈앞에 펼쳐진 광경에 입이 벌어졌다. 여태껏 살면서 한 번도 보지 못한 어마어마한 치즈들이 여기저기 높은 산처럼 쌓여 있었다. 종류도 다 알아볼 수 없을 정도였고, 몇몇 치즈는 난생처음 보는 것이었다.

그는 잠시 동안 이게 현실인지 상상인지 모른 채로 서 있다가 치즈 더미 사이에서 옛 친구 스니프와 스커리를 발견했다!

스니프는 고개를 끄덕이며 허를 환영했고 스커리도 반갑다는 듯 앞발을 흔들어 보였다. 생쥐들의 통통한 배는 그들이 여기에 꽤 오래 있었음을 말해주고 있었다.

허는 잽싸게 인사를 마치고, 좋아하는 치즈를 모두 맛보았다. 그는 다시 필요할 경우를 대비해서 신발을 벗고 끈을 묶어서 목에 걸었다.

스니프와 스커리가 허에게 잘했다는 듯 고개를 끄덕이며 웃어 보였다. 허는 곧바로 새 치즈 속으로 뛰어 들었다. 새 치즈를 맛있게 양껏 먹은 후, 신선한 치즈 한 조각을 높이 쳐들고서 건배를 외쳤다. "치즈 만세! 변화를 위하여!"

새로운 치즈를 즐기면서 허는 자신이 배운 것들을 되새겨보았다.

변화하기를 두려워했을 때, 그는 더 이상 존재하지 않는 옛 치즈의 환상에 집착하고 있었다는 점을 깨달았다.

그렇다면 무엇이 그를 변화시켰을까? 굶어 죽을까 봐 두려웠던 것일까? 허는 그것도 분명 도움이 되었을 거라 생각하며 미소 짓다가 호쾌하게 웃었다.

그때 그에게 한 가지 번뜩이는 생각이 스쳐 지나갔다. 그것은 자신이 잘못된 행동을 웃어넘길 줄 알게 되면서부터 진정한 변화가 시작되었다는 깨달음이었다. 자신의 어리석음을 웃을 수 있는 것이 변화로 나아가는 가장 빠른 길이며, 과거를 벗어나 앞으로 나아가게 한다는 사실이었다.

허는 스니프와 스커리에게서 유익한 교훈을 얻었다. 그들은 인생을 단순하게 살았다. 상황을 지나치게 분석하거나 복잡하게 만들지 않고 삶을 단순하게 살았던 것이다. 상황이 변해서 치즈가 옮겨지면, 그들도 그저 변화하여 치즈를 따라 이동했다. 허는 특히 이 점을 교훈으로 삼기로 했다.

그리고 생쥐보다 더 잘 할 수 있는 일을 찾기 위해 자신의 명석한 두뇌를 사용했다.

그는 지금보다 훨씬 더 나은 무언가를 찾는 자신의 모습을 현실적이고 구체적으로 상상해보았다.

그는 과거에 자신이 저지른 실수를 되돌아보고 그것을 참고하여 미래를 계획했다. 그렇게 변화를 다루는 법을 배울 수 있었다.

이제는 일을 단순하게 처리하되, 유연하게 대처하고, 신속하게 움직여야 할 필요성을 깨달았다.

문제를 지나치게 복잡하게 만들거나 두려움으로 자신을 혼란스럽게 만들 필요가 없었다.

작은 변화가 시작될 때 이를 알아차려야 다가올 큰 변화에 잘 대비할 수 있다.

허는 더 빨리 적응할 필요가 있었음을 깨달았다. 제때 적응하지 못하면 아예 적응하지 못할 수도 있기 때문이다.

변화의 가장 큰 장애물은 자기 자신에게 있었다. 그리고 스스로 변화하기 전까지는 그 어떤 것도 좋아지지 않는다.

가장 중요한 것은, 그 순간에 그것을 알았든 몰랐든, 저기 어딘가에는 항상 새로운 치즈가 있다는 사실을 아는 것이다. 그리고 두려움을 극복하고 모험을 즐길 때 치즈가 보상으로 주어진다는 점을 잊지 말자.

어떤 두려움은 실제적인 위험으로부터 우리를 보호해 주기 때문에 필요하기도 하지만, 대부분의 두려움은 근거가 없고 우리에게 필요한 변화를 가로막는다.

허는 한때 변화를 싫어했지만, 결국 그의 변화는 그를 더 좋은 치즈로 인도해 주는, 보이지 않았던 축복이었음을 알게 되었다.

심지어 그는 더 나은 사람으로 자신이 발전했음을 느꼈다.

허는 자신이 깨닫게 된 교훈들을 생각하다가 문득 친구 헴이 치즈 창고 C와 미로 곳곳의 벽에 자신이 써놓은 글귀를 읽었는지 궁금해졌다.

혹시 헴이 이제 모든 두려움을 떨쳐버리고 새 치즈를 찾아 나서지 않았을까? 혹시 그가 미로 속에서 그의 인생을 바꿀 치즈를 발견했을까? 아니면 여전히 변화를 거부하며 거기에 머물러 있을까?

허는 치즈 창고 C로 돌아갈 수 있는 길을 찾는다면 그곳에 가서 헴을 만나볼까 하는 생각도 해보았다. 만약 헴을 만난다면, 지금의 곤경에서 벗어나는 법을 그에게 알려줄 수 있을 것이다. 하지만 그런 시도는 이미 예전에 해본 적이 있다.

헴은 자신의 안락함과 두려움을 넘어서서 스스로 길을 찾아내야만 한다. 어느 누구도 대신해줄 수 없고, 강요할 수도 없다. 헴은 어떻게든 스스로 변화해야 하고 그것의 유익한 점을 깨달아야 한다.

허는 헴을 위해 실마리를 남겨두었다. 헴이 벽에 써진 글귀들을 읽는다면 이 길을 찾아낼 수 있을 것이다.

그는 치즈 창고 N의 가장 큰 벽에 지금까지 배운 것들을 다시 적어보았다. 그리고 그가 깨닫게 된 모든 통찰의 문장들 둘레로 커다란 치즈를 그렸다. 허는 자신이 배운 것을 바라보며 미소를 지었다.

변화는 항상 일어나고 있다.
치즈는 계속 움직인다.

변화를 예상하라.
움직일 치즈에 대비하라.

변화를 관찰하라.
치즈가 상해 가는지 자주 냄새를 맡아보아라.

빠르게 변화에 적응하라.
오래된 치즈를 빨리 버릴수록,
새 치즈를 더 빨리 만날 수 있다.

변화하라.
치즈와 함께 움직여라.

변화를 즐겨라!
모험을 만끽하고
새 치즈의 맛을 즐겨라!

빠르게 변화할 준비를 하고,
변화를 계속해서 즐겨라.
치즈는 계속 움직인다.

허는 헴과 함께 치즈 창고 C에 있었을 때에 비해 자신이 얼마나 많이 변해왔는지를 느끼고 있었다. 하지만 너무 마음을 놓고 있으면 다시 예전처럼 되기 쉽다는 것도 알고 있었다. 그래서 매일 치즈 창고 N을 점검하면서 치즈의 상태를 확인했다. 그는 예기치 않은 변화에 대비해서 할 수 있는 모든 것을 하려고 했다.

허는 여전히 많은 치즈를 가지고 있었지만, 종종 미로로 나가서 새로운 곳을 탐험하며 주변에서 일어나고 있는 일들을 감지하려고 노력했다. 그는 자신의 안락한 영역에서 고립되는 것보다 자신의 주변에 대해 잘 인식하는 것이 더 안전하다는 것을 알게 되었다.

그러던 중 허는 미로 속에서 들려오는 움직임 소리를 들었다. 소리가 점점 커지면서 누군가가 다가오고 있음이 느껴졌다.

헴이 오고 있는 걸까? 저 모퉁이를 돌아 곧 나타날까?

허는 전에도 그랬듯이 마침내 그의 친구가 변화하여 이곳을 찾아왔기를 기도했다.

치즈를 따라 움직이며
그것을 즐겨라!

끝….

아니면 또 다른 시작일지도?

Who
Moved
My Cheese?

Who
Moved
My Cheese?

토론:
같은 날 오후

마이클은 이야기를 마치고 주위를 둘러보았다. 그는 옛 동창들이 미소 짓는 것을 보았다. 몇몇이 그에게 고마워하며 이야기에서 많은 것을 얻었다고 말했다.

네이단이 친구들에게 물었다. "이따가 다시 모여서 이 이야기에 대해 토론해보는 건 어때?"

그들 대부분이 대화를 더 나누고 싶어 해서, 저녁 식사 전에 다같이 한잔하며 시간을 갖기로 약속했다.

그날 저녁, 호텔 라운지에 모인 그들은 각자의 '치즈'를 찾는 일과 미로 속에 있는 자신을 보는 것에 대해 서로 농담을 주고받기 시작했다. 그러던 중 안젤라가 온화한 미소로 친구들에게 물었다. "그래서, 너희들은 이 이야기 속에서 자신을 누구라고 생각해? 스니프, 스커리, 헴 아니면 허?"

카를로스가 대답했다. "음, 오늘 하루 종일 그 생각을 해봤어. 내가 스포츠용품 사업을 하기 전에 변화를 겪었던 시기가 기억나더라고. 나는 스니프는 아니었어. 상황을 파악하고 변화를 빨리 알아차리지 못했지. 스커리도 아니었어. 즉각적으로 행동하지도 않았으니까. 나는 헴과 비슷했다고나 할까. 익숙한 영역에 머물고 싶어 했으니까. 솔직히 말해서, 나는 변화에 대응하고 싶지 않았고, 그것을 직면하고 싶지도 않았어."

예나 지금이나 카를로스의 절친인 마이클이 반문했다. "카를로스, 무슨 얘기를 하는 거야?"

카를로스가 대답했다. "갑자기 직업을 바꿔야만 했어."

마이클이 웃으며 말했다. "너 해고당했던 거야?"

"글쎄, 새로운 치즈를 찾아 떠나고 싶지 않았다고나 할까. 나는 내게 그런 일이 일어나서는 안 된다고 생각하는 여러 이유들이 있었어. 그래서 그 당시에는 꽤 화가 났었지."

처음에는 조용했던 몇몇 친구들도 이제 더 편안해져서 이야기에 끼어들기 시작했다. 졸업 후 군대에 갔던 프랭크Frank도 입을 열기 시작했다.

"헴은 내 친구를 떠올리게 해. 그 친구의 부서가 폐쇄될 예정이었는데, 그는 그걸 인정하고 싶어 하지 않았어. 상부에서는 그의 팀원들을 계속 재배치했지. 우리는 그 친구에게 조직에서는 유연하게 대응하는 사람에게 더 많은 기회가 주어질 거라고 거듭 말해주었지. 그러나 그는 자신이 변해야 할 이유가 없다고 생각했던 것 같아. 결국 그의 부서가 폐쇄되었을 때, 놀란 사람은 그 자신뿐이었어. 지금 그 친구는 자신에게 일어나서는 안 된다고 생각했던 변화에 적응하느라 어려움을 겪고 있어."

제시카가 말했다. "나도 그런 일이 내게는 일어나지 않을 거라고 생각했었어. 하지만 내 '치즈'는 여러 번 옮겨졌어. 특히 내 사생활에서. 하지만 그 얘기는 나중에 들려줄게."

다들 웃었지만 네이단은 심각하게 대답했다.

"어쩌면 그게 핵심일지도 몰라. 변화는 우리 모두에게 일어난다는 거."

"우리 가족이 이 치즈 이야기를 더 일찍 들었으면 좋았을 텐데. 불행히도 우리는 사업에 변화가 다가오는 것을 보지 않았고, 이제는 너무 늦어버렸지. 우린 많은 지점을 닫아야만 하는 상황에 처해있어." 그가 덧붙였다.

친구들이 놀랐다. 그들은 네이단이 해마다 번창하는 안정적인 사업을 운영하는 운 좋은 친구라고 생각했기 때문이었다.

"무슨 일이 있었던 거야?" 제시카가 물었다.

"마을에 있는 우리 가게의 작은 체인점은 얼마 전 생긴 대형마트의 물량 공세와 높은 할인율에 치여서 완전히 경쟁력을 잃고 말았어. 우리는 도저히 그들과 경쟁이 안 되었지. 이제 보니 우리가 스니프와 스커리처럼 행동하는 대신, 헴처럼 행동했다는 걸 알게 됐어. 우리는 한자리에 머물면서 변화하지 않았고, 일어나고 있는 일을 무시하려 했지. 그래서 결국 곤경에 처하고 말았어. 허에게서 몇 가지 교훈을 배울 수도 있었을 텐데 말이야. 우리는 확실히 자신의 어리석음에 대해 웃지도 못하고, 하고 있던 일을 바꾸지도 못했거든."

성공한 사업가가 된 로라Laura는 가만히 듣고만 있다가 말하기 시작했다. "나도 오늘 오후에 이 이야기를 생각해봤어. 어떻게 하면 허처럼, 내가 잘못하고 있는 것을 깨닫고 나 자신의 과오를 웃어넘기며 변화에 잘 적응하고 보다 나은 사람이 될 수 있을까."

그녀는 말을 이어갔다. "궁금하네. 너희들 중 몇이나 변화를 두려워하고 있어?"

아무도 대답하지 않자 로라는 "손을 들어볼까?" 하고 제안했다.

오직 하나의 손만 올라왔다.

"음, 우리 중에 정직한 사람이 하나는 있는 것 같네!"라고 말하며 로라는 계속해서 말을 이어갔다. "어쩌면 다음 질문이 더 좋을지 모르겠다. 세상 사람들이 변화를 두려워한다고 생각하는 사람은 손을 들어봐."

실제로 모두가 손을 들었고, 다들 웃음을 터트렸다.

"이게 우리에게 뭘 말해주지?"

"자기 부정이지." 네이단이 대답했다.

"맞아. 때때로 우리는 우리가 두려워하고 있다는 걸 인식조차 하지 못할 때가 많아. 나도 그랬어. 처음 이 이야기를 들었을 때, '두렵지 않다면 당신은 무엇을 하겠는가?'라는 질문이 마음에 와닿았어." 마이클이 인정하듯 말했다.

그러자 제시카가 덧붙였다. "음, 내가 이 이야기에서 얻은 것은, 변화는 어디에서나 일어나고 있고, 그것에 빨리 적응할 수 있을 때 더 잘해낼 수 있다는 거야. 오래전 우리 회사가 스무 권이 넘는 세트 형태로 백과사전을 판매하던 시절이 생각나. 어떤 사람이 우리에게 전체 백과사전을 하나의 컴퓨터 디스크에 담아 훨씬 저렴한 가격에 판매하자고 제안했지. 업데이트하기도 쉽고 제조 비용도 훨씬 적게 들고 더 많은 사람들이 구매할 거라고 말이야. 하지만 우리는 그 말을 듣지 않았어."

"왜?" 네이단이 물었다.

"우리 사업의 중심에는, 직접 가정을 방문해서 판매하는 방문판매 인력이 자리하고 있었기 때문이야. 그리고 우리 판매 인력을 유지하는 건 우리 제품의 높은 가격에서 창출되는 큰 수수료에 의존하고 있었거든. 우리는 이 방식으로 오랫동안 성공을 거두어왔고, 이 방식이 영원히 계속될 거라고 생각했어."

로라가 말했다. "아마도 그게 치즈 이야기에서 헴과 허가 가졌던 성공에 대한 오만함을 의미하는 것 같아. 그들도 한때는 잘 작동했던 방식을 이제 바꾸어야 할 필요가 있다는 걸 알아차리지 못했지."

네이단이 말했다. "너희는 그 오래된 치즈가 너희의 유일한 치즈라고 생각했던 거였네."

"맞아. 그리고 우리는 그걸 붙들고 싶었어. 돌이켜보면, 우리에게 일어난 일은 단지 '치즈가 옮겨졌다'는 것만이 아니었어. '치즈' 자체도 생명이 있어서 결국은 다 소진된다는 점을 간과했던 거야. 어쨌든, 우리는 변화하지 않았어. 반면 경쟁 업체는 시대의 흐름에 따라 변화를 시도했지. 우리 회사의 매출은 크게 떨어져서 지금은 어려운 시기를 겪고 있어. 지금 우리 업계에 또 다른 큰 기술 변화가 일어나고 있는데, 회사의 어느 누구도 그것을 다루려 하지 않고 있어. 상황이 좋지 않아 보여. 곧 일자리를 잃을지도 모르겠어."

"이제 미로에 들어갈 때야!"

카를로스가 외치자 모두가 웃었고, 제시카도 함께 웃었다.

카를로스가 제시카를 향해 말했다. "자신의 어리석음을 깨닫고 웃을 수 있다는 건 좋은 일이야."

프랭크가 말했다. "그게 내가 이 이야기에서 얻은 교훈

이야. 나는 자신을 너무 심각하게 받아들이는 경향이 있어. 나는 허가 자신과 자신이 하고 있는 일에 대해 마침내 웃어넘길 때 그가 어떻게 긍정적으로 변화하는가에 주목했어. 그가 왜 허라고 불렸는지 알겠어."

친구들은 뻔한 말장난에 실없이 웃었다.

안젤라가 물었다. "헴은 결국 변화해서 새로운 치즈를 찾았을 거라고 생각해?"

일레인Elaine이 대답했다. "나는 그랬을 거라고 생각해."

"난 아냐." 코리Cory가 말했다. "어떤 사람들은 끝끝내 변화하지를 못하고, 결국에는 혹독한 대가를 치르지. 나는 의료 실습 현장에서 헴 같은 사람들을 많이 봤어. 그들은 자신이 '치즈'를 가질 자격이 있다고 생각해. 근데 그 치즈가 사라지면 자신을 피해자라고 느끼면서 다른 사람 탓을 하게 되지. 그런 사람들은 새로운 치즈를 찾아 먼저 떠난 사람들보다 더 고통받게 돼."

그러자 네이단이 마치 혼잣말을 하듯 조용히 말했다. "결국 중요한 질문은 '우리가 무엇을 포기해야 하고, 무엇을 향해 나아가야 하는가?'일거야."

한동안 아무도 말을 하지 않았다.

"그래, 인정해야겠네." 네이단이 말했다. "우리 매장과 비슷한 가게들이 다른 지역에서 겪고 있는 일들을 알았지만, 나는 그게 우리에게까지 영향을 미치지 않길 바랐지. 변화를 주도하는 것이 뒤늦게 변화에 반응하고 적응하려고 애쓰는 것보다 훨씬 낫다는 걸 이제서야 알겠어. 아마 우리도 우리의 치즈를 옮겨야 할지도 몰라."

"무슨 뜻이야?" 프랭크가 물었다.

네이단이 대답했다. "우리 매장 중에 매출이 떨어지는 가게들을 모두 정리하고, 제대로 된 멋진 매장 하나를 크게 지어서 대형마트와 경쟁했더라면, 지금쯤 어떻게 되었을까?"

로라가 말했다. "아마 그게 허가 벽에 썼던 '모험을 즐기고 치즈와 함께 움직여라'라는 말의 의미일 거야."

그때 프랭크가 끼어들었다. "나는 어떤 것들은 변해선 안 된다고 생각해. 예를 들어, 나의 기본적인 가치관 같은 것은 지키고 싶어. 하지만 지금 보니 내 삶이 더 일찍 '치즈'와 함께 움직였더라면 더 좋았을 것 같다는 생각이 드네."

"마이클, 치즈 이야기는 재미있게 들었어." 의심 많은 회의론자, 리처드Richard가 말했다. "너는 그 이야기를 실제로 네 회사에 어떻게 적용했어?"

친구들은 미처 몰랐지만, 리처드는 지금 모종의 변화를 겪고 있었다. 최근 아내와 별거 중인 그는 십 대가 된 자녀를 키우면서 직장 생활을 유지하려 애쓰고 있었다.

마이클이 대답했다. "알다시피, 매일 발생하는 문제들이 있을 때 그것을 관리하는 게 내 일이라고 생각했어. 하지만 내가 해야 했던 일은 앞으로를 내다보고 우리가 어디로 가고 있는지 주의를 기울이는 거였지. 정말이지 나는 하루 24시간 내내 눈앞의 문제들에만 매달려 있었어. 그냥 쳇바퀴 돌듯 살았는데 거기에서 빠져나올 수가 없더라고."

로라가 말했다. "리더십이 필요한 일인데 관리 업무나 하고 있었던 거네."

"정확해." 마이클이 말했다. "그리고 '누가 내 치즈를 옮겼을까?' 이야기를 들었을 때, 나는 내가 해야 할 일이 회사 전체가 추구하고 싶어 할 만한 '새로운 치즈'의 청사진을 그리는 일이라는 걸 깨달았어. 직원들 모두가 일이나 인생에서 변화하고 성공하는 것을 즐길 수 있도록 말이지."

네이단이 물었다. "그래서 너는 회사에서 어떻게 했어?"

"흠, 우리 회사 사람들에게 그 이야기 속에서 자신이 누구와 같은지를 물어봤는데, 우리 조직 안에 이야기 속의 등장인물 넷이 모두 존재한다는 것을 알게 됐어. 그리고 나는 스니프, 스커리, 헴, 허 각각을 다르게 대해야 한다는 사실을 깨달았지. 우리의 스니프들은 시장의 변화를 잘 알아채고 회사의 비전을 업데이트하는 데 도움을 줬지. 그들은 변화를 통해 고객이 원하는 새로운 제품과 서비스를 만들어내는 방법을 찾아내는 일을 아주 좋아했어. 변화에 적응하며 일하는 것을 즐기는 사람들이었지.

우리의 스커리들은 일을 빨리 처리하는 것을 좋아했기 때문에, 회사의 새로운 비전 위에서 활발하게 행동하도록 지원했지. 회사는 그들이 잘못된 방향으로 뛰쳐나가지 않도록 모니터링만 했고 새로운 치즈를 가져다주면 보상을 해줬어. 스커리들은 행동과 결과를 중시하는 조직에서 일하는 것을 좋아해."

"헴과 허는 어땠어?" 안젤라가 물었다.

"불행히도, 헴들은 우리를 느리게 만드는 무거운 닻과 같았어." 마이클이 대답했다. "그들은 너무 안주했고 변화를 무척이나 두려워했어. 헴들 중 일부는 회사가 그들에게 제시한 변화가 자신들에게 어떤 이익이 될지 합리적인 비전을 보고 나서야 겨우 변화를 받아들였지. 헴들은 안전한

곳에서 일하고 싶다고 말했어. 그래서 변화가 그들에게 어떤 의미가 있는지를 보여주고, 안정감을 느끼게 해줘야만 했지. 변화하지 않으면 진짜로 위험해진다는 걸 깨닫자, 일부는 변화를 받아들이기 시작하면서 잘해냈어. 회사의 비전이, 많은 햄들을 허로 바꾸는 데 도움을 줬지."

프랭크가 궁금해했다. "끝내 변화하지 않은 햄들에게는 어떻게 했어?"

마이클이 작은 목소리로 말했다. "우리는 그들을 떠나보낼 수밖에 없었어. 마음 같아서야 모든 직원과 함께하고 싶지만, 우리 사업이 충분히 빠르게 변화하지 않으면 모두가 곤경에 빠지리란 걸 알고 있으니까."

그는 이어서 말했다. "허들은 처음에는 망설이지만, 새로운 것을 잘 배우고, 이전과는 다르게 행동하며, 알맞은 때에 적응도 잘하는 등 열린 마음을 가졌다는 점. 그것이 우리를 성공할 수 있도록 만들어준 그들의 장점이었어. 그들은 변화를 예상하게 되고 나중에는 적극적으로 찾아 나서기 시작했어. 그들은 인간의 본성을 잘 알기에, 모두에게 현실적으로 받아들여질 법한 새로운 치즈를 구상하는 데에도 도움을 줬지. 허들은 변화를 위한 도구를 제공해주고 자신감을 주는 조직에서 일하고 싶다고 했어. 그리고 그들은 우리가 새로운 치즈를 찾아 나설 때 유머 감각을 잃지 않도록 좋은 분위기를 만들어줬지."

리처드가 말했다. "그 모든 걸 이 짧은 이야기에서 얻었단 말이야?"

마이클이 미소를 지었다. "이야기 자체가 아니라, 우리가 그 이야기에서 얻은 교훈을 바탕으로 우리 방식으로 행동하는 것이 중요했지."

안젤라가 인정했다. "나는 헴과 조금 비슷해. 그래서 나에게 가장 강하게 와닿는 부분은 허가 자신의 두려움을 웃어넘기고, 새로운 치즈를 즐기는 자신을 상상하며 마음속으로 그림을 그리는 장면이었어. 그것이 그가 미로에 들어가는 걸 덜 두려워하고 더 즐거워하게 만들어주었지. 그리고 결국 그는 더 나은 결과를 얻었어. 그게 내가 더 자주 겪고 싶은 일이야."

프랭크가 웃으며 말했다. "그러니까 너와 같은 헴들도 가끔은 변화의 좋은 점을 볼 수 있다는 거네."

카를로스가 웃었다. "변화를 해야 직업을 유지할 수 있으니까"

안젤라가 덧붙였다. "그래야 월급이 오를 수도 있는 거고."

리처드는 토론 내내 인상을 찡그리고 있다가 말했다. "내 상사는 우리 회사가 변화해야 한다고 내게 계속 말해왔어. 사실 그녀는 나에게 변화하라고 말한 것 같았지만 나는 그런 말을 듣고 싶지 않았지. 아마도 그녀가 주려던 '새로운 치즈'가 무엇인지, 또는 내가 그것으로부터 어떻게 이익을 얻을 수 있는지 몰랐던 것 같아."

리처드의 얼굴에 약간의 미소가 번졌다. "솔직히 나는 '새로운 치즈'를 찾고 그것을 즐기는 자신을 상상하는 아이디어가 마음에 들어. 모든 것이 명료해지는 기분이야. 변화가 상황을 어떻게 더 좋게 만드는가를 보면, 변화를 일으키는 것에 더 관심이 생기지. 이걸 내 사생활에 적용할 수 있을지도 모르겠다."

그가 덧붙였다. "내 아이들은 자신의 인생에서 더 이상의 변화가 일어나지 않기를 바라고 있는 것 같아. 아이들은 헴처럼 행동하고 화가 나 있지. 아마도 미래에 대해 두려워하고 있을 거야. 내가 아이들에게 '새로운 치즈'의 현실적인 그림을 그려주지 않았기 때문인지도 몰라. 아마도 나 자신부터 그림을 그려봐야 할 것 같아."

그들 중 몇몇은 자신의 삶에 대해 조용히 생각하고 있었다.

"글쎄." 제시카가 말했다. "다들 직장에 대해 이야기하고 있지만, 나는 이 이야기를 들으면서 내 사생활에 대해서도 생각해봤어. 현재 나의 인간관계는 꽤 심각한 곰팡이가 피어있는 '오래된 치즈' 같아."

코리가 동의하며 웃었다. "나도 그래. 아마도 나쁜 관계는 끝낼 필요가 있는 것 같아."

안젤라가 말했다. "아니면, '오래된 치즈'는 단지 구태의연한 행동을 의미할 수도 있어. 우리가 정말로 끊어야 할 것은 나쁜 관계의 원인이 되는 행동일 거야. 그러니 더 나은 사고방식과 행동으로 나아가야 해."

"와! 정곡을 찌르는 좋은 지적이야." 코리가 말을 이어갔다. "새로운 치즈는 새로운 인간 관계일 수도 있겠어."

리처드가 말했다. "이 이야기는 내가 생각했던 것보다 더 깊은 의미를 가지고 있다는 생각이 들어. 관계를 끝내는 대신 구태의연한 행동을 버린다는 아이디어가 마음에 들어. 같은 행동을 반복하면 같은 결과만 얻을 테니까. 어쩌면 직장을 바꾸는 대신, 내가 일하는 방식을 바꿔야 하는 것인지도 몰라. 진작 그렇게 했다면 나는 지금쯤 더 나은 위치에 있을거야."

그때 다른 도시에서 살다가 동창회에 참석하려고 온 베키Becky가 말했다.

"치즈 이야기와 너희들의 의견을 들으면서 나 자신을 되돌아보며 웃게 되었어. 나는 오랫동안 햄처럼 행동하면서 변화에 다가서지 못하고 두려워했거든. 다른 많은 사람들도 나처럼 행동하고 있는 줄은 미처 몰랐어. 나도 모르게 내 아이들에게도 이런 모습을 전해줬을까 봐 걱정이 되네. 생각해보니, 변화는 정말로 우리를 새롭고 더 나은 곳으로 이끌 수 있는 것 같아. 비록 그 순간에는 생각대로 되지 않을 것 같아서 두려울지라도 말이야.

우리 아들이 고등학교 2학년이었을 때가 생각나. 남편의 직장 때문에 일리노이Illinois에서 버몬트Vermont로 이사를 해야 했고, 아들은 정든 친구들을 떠나야 해서 잔뜩 화가 났었지. 아들은 수영 선수였는데 버몬트의 고등학교에는 수영팀이 없었거든. 그래서 이사를 결정한 우리에게 화가 났던 거지.

그런데 이사를 한 후에 아들은 버몬트의 산을 좋아하게 되어서 스키를 타기 시작했고, 대학팀에 들어가서도 스키를 계속 탔어. 지금은 산이 많은 콜로라도Colorado에서 행복하게 살고 있고. 우리가 그때 함께 핫초코를 마시면서 이 치즈 이야기를 즐겼더라면, 우리 가족의 스트레스를 많이 줄일 수 있었을 거야."

제시카가 말했다. "나는 집에 가서 이 이야기를 가족들에게 들려줄래. 아이들에게 자기가 스니프, 스커리, 헴과 허 중에 누구와 닮았다고 생각하는지, 그리고 자신을 어떻게 느끼는지 물어봐야겠어. 각자가 느끼는 가족의 오래된 치즈가 무엇이고, 새로운 치즈가 무엇일지도 이야기해볼 수 있겠지."

"좋은 생각이야." 리처드의 즉각적인 동의에 모두가 놀랐다.

프랭크가 말했다. "나는 허처럼 치즈와 함께 움직이면서 그것을 즐기기로 했어! 그리고 이 이야기를 군대를 떠나는 문제로 걱정하는 친구들에게 들려주고 그로 인한 변화에 어떤 의미가 있는지도 전해줘야겠어. 흥미로운 토론이 될 수 있을 것 같아."

마이클이 말했다. "그래, 그렇게 해서 우리 회사도 사업을 개선했어. 우리는 치즈 이야기에서 얻은 교훈과 그것을 우리의 상황에 어떻게 적용할 수 있을지에 대해 여러 차례 논의했지. 이 이야기를 통해 변화에 어떻게 대처하고 있는지 서로 이야기하는 게 재미있었어. 특히 회사 전반에 더 깊게 퍼지면서 매우 효과적이었지."

네이단이 물었다. "'더 깊게'라니 무슨 뜻이야?"

"우리 조직의 더 깊숙한 곳으로 들어갈수록, 자신에게 힘이 적거나 없다고 느끼는 사람들이 의외로 많다는 것을 알게 됐지. 그들은 상부로부터 변화가 강요될수록, 어떤 영향을 받을지에 대해 더 두려워했고 그래서 변화에 더 저항했던 거였어. 간단히 말해, 강요된 변화는 거부감을 불러일으킬 수밖에 없어. 하지만 치즈 이야기를 우리 조직의 모든 사람과 나누면서 변화에 대한 우리의 시각이 바뀌기 시작했어. 모두가 자신의 오래된 두려움을 털어내거나 적어도 미소를 지으며 앞으로 나아가도록 만들어주었지."

마이클이 잠시 뜸을 들이다가 한마디 덧붙였다. "치즈 이야기를 더 일찍 들었더라면 좋았을 텐데."

"왜?" 카를로스가 물었다.

"우리가 변화에 대처하기 시작했을 때는 사업이 이미 너무 어려워져서 사람들을 내보낼 수밖에 없었거든. 아까 말했듯이, 몇몇 좋은 친구들도 포함해서 말이야. 그건 우리 모두에게 힘든 일이었어. 하지만 남은 사람들과 떠난 사람들 대부분에게 치즈 이야기는 새로운 관점을 제공했고 결국 더 잘 대처하는 데 도움이 되었다고 했어. 새로운 직장을 찾아 나서야 했던 사람들도 처음에는 힘들었지만, 이 이야기를 떠올리는 것만으로도 큰 힘이 되었다고 하더라고."

안젤라가 물었다. "그들에게 가장 도움이 된 게 뭐래?"

마이클이 대답했다. "두려움을 넘어서면 어딘가에 자신을 위한 새로운 치즈가 기다리고 있다는 사실이 희망적이었다고 하더군! 그들은 새로운 직장에서 일을 잘하고 있는 자신을 상상하며 마음속에 새로운 치즈를 그려보는 것에 기분이 나아졌고, 새 직장에서 면접을 보는 데에도 도움이 되었다고 했어. 몇몇 사람들은 실제로 더 좋은 직장을 구하기도 했고."

로라가 물었다. "회사에 남은 사람들은 어떻게 됐어?"

마이클이 말했다. "음, 사람들은 이제 변화에 대해 불평하는 대신 '누가 치즈를 옮겼을까, 그럼 이제 새로운 치즈를 찾아보자'라고 유쾌하게 말하게 되었지. 이게 많은 시간을 절약하고 스트레스도 줄여주는 결과를 낳았어. 얼마 지나지 않아, 거부감을 가지고 있던 사람들까지도 변화의 장점을 볼 수 있게 되었고, 심지어 그들은 변화를 이끌어내는 데 도움을 주기도 했어."

코리가 물었다. "그들이 왜 변했다고 생각해?"

"다수의 동료들 의견이 바뀌니까 그들도 바뀐 것 같아."

이번에는 마이클이 물었다. "네가 속한 회사의 최고 경영진이 대대적인 변화를 발표하면 어떤 일이 벌어지는지 알아? 과연 직원들이 그 변화를 좋다고 생각할까, 나쁘다고 생각할까?"

"나쁘다고 생각하겠지." 프랭크가 대답했다.

"맞아." 마이클이 동의했다. "왜 그럴까?"

카를로스가 말했다. "원래 사람들은 변화가 자신에게 나쁠 거라고 생각하기 때문에 상황이 그대로 유지되기를 원하지. 그리고 한 사람이 변화를 나쁘다고 말하면, 나머지 사람들도 똑같이 나쁘다고 생각하게 되지."

마이클이 말했다. "맞아, 그들이 정말로 그렇게 느끼지 않을 수도 있지만, 그들은 대세를 따라, 대체로 동료들의 의견을 따르게 되지. 이것이 어떤 조직에서든 변화를 반대하게 만드는 일종의 압박감이랄 수 있지."

베키가 물었다. "사람들이 치즈 이야기를 들은 후에는 상황이 어떻게 달라졌어?"

마이클이 간단히 말했다. "대세가 바뀌었지. 아무도 헴처럼 보이고 싶어 하지 않았거든!"

모두가 웃었다.

"사람들은 스니프처럼 미리 변화를 알아차리고 스커리처럼 즉시 행동에 옮기기를 원하지, 헴처럼 갇혀서 뒤처지기를 원하진 않아."

네이단이 말했다. "좋은 지적이야. 우리 회사에서도 아무도 헴처럼 보이고 싶어 하지 않을 거야. 우리 회사도 변할 수 있을지 몰라. 아니, 그런데 이 좋은 이야기를 왜 지난 동창회 때 해주지 않은 거야? 이 이야기, 확실히 효과가 있었을 텐데."

"당연히 효과가 있어." 마이클이 말했다. "물론, 모든 조직 구성원들이 이 이야기를 알 때 효과가 가장 크지. 큰 회사든, 작은 사업체든, 심지어 가정에서도 말이야. 왜냐하면 조직은 충분한 수의 사람들이 변화해야만 전체가 변할 수 있으니까."

마이클은 마지막으로 한 가지 생각을 덧붙였다. "치즈 이야기가 우리에게 얼마나 큰 효과가 있는지를 본 뒤, 우리는 이 이야기를 비즈니스를 함께하고 싶은 업체들에게도 전해주었어. 그들에게도 변화가 필요하다는 걸 알고 있었거든. 우리가 그들의 '새로운 치즈', 즉 그들의 성공을 위한 더 나은 파트너가 될 수 있다고 제안했지. 그것이 새로운 비즈니스의 장으로 이어졌어."

이 말을 듣고 있던 제시카는 여러 가지 아이디어와 함께, 아침 일찍 걸려온 거래처들의 전화를 떠올리며 시계를 쳐다보며 말했다.

"자, 이제 이 치즈 창고를 떠나 새로운 치즈를 찾아 나서야 할 시간이네."

친구들은 웃으며 작별 인사를 나누기 시작했다. 다들 대화를 더 나누고 싶었지만 이제 떠나야 할 시간이었다. 떠나면서 그들은 다시 한번 마이클에게 감사를 전했다.

마이클이 말했다. "이 이야기가 너희들에게 유용했다니 매우 기뻐. 너희들도 이 이야기를 다른 사람들과 공유할 기회가 있기를 바랄게."

- 끝 -

Who Moved My Cheese?

An A-Mazing Way to Deal with Change
in Your Work and in Your Life

Who Moved My Cheese?

Spencer Johnson, M.D.

Foreword by Kenneth Blanchard, Ph.D.

Co-Authors of **The One Minute Manager**

The World's Most Popular Management Method

A GEM–
SMALL
AND
VALUABLE

Who Moved My Cheese?

The "Who Moved My Cheese?"
Phenomena!

The Story of *Who Moved My Cheese?* was created by Dr. Spencer Johnson to help him deal with a difficult change in his life. It showed him how to take his changing situation seriously but not take himself so seriously.

When his friends noticed how much better life had become for him, and asked why, he revealed his "Cheese" story. Several said, sometimes years later, how hearing the story helped them to keep their sense of humor, to change, and to gain something better themselves. His co-author of *The One Minute Manager*, Ken Blanchard, encouraged him to finally write it as a book to share with many others.

Two decades after the story was created, this book was published. It soon became a #1 Bestseller, with one million hardcover copies in print within the first 16 months and over 21 million copies in the next five years. In 2005, Amazon.com reported that *Who Moved My Cheese?* was their #1 All-Time Bestselling single book title.

People have reported that what they discovered in the story has improved their careers, businesses, health and marriages. The Cheese story has found its way into homes, companies, schools, churches, the military, and sports teams. It has spread around the world in many foreign languages. Its appeal is universal.

Critics, on the other hand, do not understand how so many people could find it so valuable. They say the story is so simple a child could understand it, and it insults their intelligence, as it is just obvious common sense. They get nothing out of the story. Some even fear it suggests all change is good and that people should mindlessly conform to unnecessary changes imposed by others, although that is not in the story.

The author has commented that both the fans and critics are "right" in their own way. It is not what is in the story of *Who Moved My Cheese?* but how you interpret it and apply it to your own situation that gives it value.

Hopefully the way you interpret the story of *Who Moved My Cheese?* and put it into action in your life will help you find and enjoy the "New Cheese" you deserve.

Who Moved My Cheese?

"Every once in a while a book comes along that opens a door to the future. This book has had that effect on me."

— David A. Heenan, Board Member
PETER F. DRUCKER MANAGEMENT CENTER

"As soon as I finished reading this, I ordered copies to help us deal with the relentless changes we face — from being on changing teams to developing new markets."

— Joan Banks, Performance Effectiveness Specialist
WHIRLPOOL CORPORATION

"I can picture myself reading this wonderful story to my children and grandchildren in our family room with a warm fire glowing, and their understanding the lessons."

— Lt. Col. Wayne Washer,
AERONAUTICAL SCIENCE CENTER, PATTERSON AFB

"Dr. Johnson's enticing images and language give us a fundamentally sound and memorable way of managing change." — Albert J. Simone, President
ROCHESTER INSTITUTE OF TECHNOLOGY

"Spencer Johnson's unique insights and storytelling make this a rare book that can be read and understood quickly by everyone who wants to do well in these changing times." — Randy Harris, Former Vice-Chairman
MERRILL LYNCH INTERNATIONAL

"This book is a simple, understandable road map for us to use as we deal with our own individual circumstances around change." — Michael Morley, Senior Vice President
EASTMAN KODAK

"This wonderful book is an asset to any person or group that applies its lessons." — John A. Lopiano, Senior V.P.
XEROX CORPORATION

Books by Spencer Johnson, M.D.

THE ONE MINUTE MANAGER® (with Kenneth Blanchard, Ph.D.)
THE PRECIOUS PRESENT: The Gift That Makes You Happy Forever
THE ONE MINUTE $ALES PERSON (with Larry Wilson)
THE ONE MINUTE MOTHER
THE ONE MINUTE FATHER
THE ONE MINUTE TEACHER (with Constance Johnson, M.Ed.)
ONE MINUTE FOR YOURSELF (formerly ONE MINUTE FOR MYSELF)
"YES" OR "NO": The Guide to Better Decisions

THE VALUETALES® SERIES FOR CHILDREN
THE VALUE OF BELIEVING IN YOURSELF: The Story of Louis Pasteur
THE VALUE OF PATIENCE: The Story Of The Wright Brothers
THE VALUE OF KINDNESS: The Story Of Elizabeth Fry
THE VALUE OF HUMOR: The Story Of Will Rogers
THE VALUE OF COURAGE: The Story Of Jackie Robinson
THE VALUE OF CURIOSITY: The Story Of Christopher Columbus
THE VALUE OF IMAGINATION: The Story Of Charles Dickens
THE VALUE OF SAVING: The Story Of Benjamin Franklin
THE VALUE OF SHARING: The Story Of The Mayo Brothers
THE VALUE OF HONESTY: The Story Of Confucius
THE VALUE OF UNDERSTANDING: The Story Of Margaret Mead
THE VALUE OF FANTASY: The Story Of Hans Christian Andersen
THE VALUE OF DEDICATION: The Story Of Albert Schweitzer

Who Moved My Cheese?

An A-Mazing Way To Deal With Change
In Your Work And In Your Life

Spencer Johnson, M.D.

G. P. Putnam's Sons
New York

Dedicated to my friend,
Kenneth Blanchard, Ph.D.,
whose enthusiasm for this story
encouraged me to write this book,
and whose help brought it to so many people.

G. P. Putnam's Sons
Publishers Since 1838
an imprint of Penguin Random House LLC
penguinrandomhouse.com

Library of Congress Cataloging-in-Publication Data

Johnson, Spencer.
Who moved my cheese? : an a-mazing way to deal with change
in your work and in your life / Spencer Johnson.
p.   cm.
ISBN 0-399-14446-3
1. Change (Psychology)   I. Title.
BF637.C4J64   1998   98-15502 CIP
155.2'4—dc21

Printed in the United States of America
$PrintCode

This book is printed on acid-free paper.♾
Interior Page Design by Masaaki Marler

The best laid schemes
o' mice and men
often go astray.

Robert Burns
1759 -1796

"Life is no straight and easy corridor along
which we travel free and unhampered,
but a maze of passages,
through which we must seek our way,
lost and confused, now and again
checked in a blind alley.

But always, if we have faith,
a door will open for us,
not perhaps one that we ourselves
would ever have thought of,
but one that will ultimately
prove good for us."

A.J. Cronin

Who Moved My Cheese?

Contents

Parts of All of Us

The Simple and The Complex

The four imaginary characters
depicted in this story —
the mice: "Sniff" and "Scurry," and
the Littlepeople: "Hem" and "Haw" —
are intended to represent the simple and
the complex parts of ourselves, regardless of
our age, gender, race or nationality.

Sometimes we may act like
Sniff
Who sniffs out change early, or
Scurry
Who scurries into action, or
Hem
Who denies and resists change as he fears
it will lead to something worse, or
Haw
Who learns to adapt in time when he sees
changing can lead to something *better!*

Whatever parts of us we choose to use,
we all share something in common:
a need to find our way in the Maze
and succeed in changing times.

The Story Behind The Story
by Kenneth Blanchard, Ph.D.

I am thrilled to be telling you "the story behind the story" of *Who Moved My Cheese?* because it means the book has now been written, and is available for all of us to read, enjoy and share with others.

This is something I've wanted to see happen ever since I first heard Spencer Johnson tell his great "Cheese" story, years ago, before we wrote our book *The One Minute Manager* together.

I remember thinking then how good the story was and how helpful it would be to me from that moment on.

Who Moved My Cheese? is a story about change that takes place in a Maze where four amusing characters look for "Cheese"— cheese being a metaphor for what we want to have in life, whether it is a job, a relationship, money, a big house, freedom, health, recognition, spiritual peace or even an activity like jogging or golf.

Each of us has our own idea of what Cheese is, and we pursue it because we believe it makes us happy. If we get it, we often become attached to it. And if we lose it, or it's taken away, it can be traumatic.

The "Maze" in the story represents where you spend time looking for what you want. It can be the organization you work in, the community you live in, or the relationships you have in your life.

I tell the Cheese story that you are about to read in my talks around the world, and often hear later from people about what a difference it has made to them.

Believe it or not, this little story has been credited with improving careers, marriages and lives!

One of the many real-life examples comes from Charlie Jones, a well-respected broadcaster for NBC-TV, who revealed that hearing the story of *Who Moved My Cheese?* saved his career. His job as a broadcaster is unique, but the principles he learned can be used by anyone.

Here's what happened: Charlie had worked hard and had done a great job of broadcasting Track and Field events at an earlier Olympic Games, so he was surprised and upset when his boss told him he'd been removed from these showcase events for the next Olympics and assigned to Swimming and Diving.

Not knowing these sports as well, he was frustrated. He felt unappreciated and he became angry. He said he felt it wasn't fair! His anger began to affect everything he did.

Then, he heard the story of *Who Moved My Cheese?*

After that he said he laughed at himself and changed his attitude. He realized his boss had just "moved his Cheese." So he adapted. He learned the two new sports, and in the process, found that doing something new made him feel young.

It wasn't long before his boss recognized his new attitude and energy, and he soon got better assignments. He went on to enjoy more success than ever and was later inducted into Pro Football's Hall of Fame—Broadcasters' Alley.

That's just one of the many real-life stories I've heard about the impact this story has had on people—from their work life to their love life.

I'm such a strong believer in the power of *Who Moved My Cheese?* that I gave a copy of an early pre-publication edition to everyone (more than 200 people) working with our company. Why?

Because like every company that wants to not only survive in the future but stay competitive, The Ken Blanchard Companies are constantly changing. They keep moving our "Cheese." While in the past we may have wanted loyal employees, today we need flexible people who are not possessive about "the way things are done around here."

And yet, as you know, living in constant white water with the changes occurring all the time at work or in life can be stressful, unless people have a way of looking at change that helps them understand it. Enter the *Cheese* story.

When I told people about the story and then they got to read *Who Moved My Cheese?* you could almost feel the release of negative energy beginning to occur. Person after person from every department went out of their way to thank me for the book and told me how helpful it had been to them already in seeing the changes going on in our company in a different light. Believe me, this brief parable takes little time to read, but its impact can be profound.

As you turn the pages, you will find three sections in this book. In the first, *A Gathering*, former classmates talk at a class reunion about trying to deal with the changes happening in their lives. The second section is *The Story of Who Moved My Cheese?*, which is the core of the book.

In *The Story* you will see that the two mice do better when they are faced with change because they keep things simple, while the two Littlepeople's complex brains and human emotions complicate things. It is not that mice are smarter. We all know people are more intelligent than mice.

However, as you watch what the four characters do, and realize both the mice and the Littlepeople represent parts of ourselves—the simple and the complex—you can see it would be to our advantage to do the simple things that work when things change.

In the third section, *A Discussion*, people discuss what *The Story* meant to them and how they are going to use it in their work and in their lives.

Some readers of this book's early manuscript preferred to stop at the end of *The Story*, without reading further, and interpret its meaning for themselves. Others enjoyed reading *A Discussion* that follows because it stimulated their thinking about how they might apply what they'd learned to their own situation.

Everyone knows that not all change is good or even necessary. But in a world that is constantly changing, it is to our advantage to learn how to adapt and enjoy something better.

In any case, I hope each time you re-read *Who Moved My Cheese?* you will find something new and useful in the brief story, as I do, and that it will help you deal with change and bring you success, whatever you decide success is for you.

I hope you enjoy what you discover, and I wish you well. Remember: Move with the Cheese!

Ken Blanchard
San Diego, California

*Who
Moved
My
Cheese?*

A Gathering
Chicago

One sunny Sunday in Chicago, several former classmates, who were good friends in school, gathered for lunch, having attended their high school reunion the night before. They wanted to hear more about what was happening in each other's lives. After a good deal of kidding, and a good meal, they settled into an interesting conversation.

Angela, who had been one of the most popular people in the class, said, "Life sure turned out differently than I thought it would when we were in school. A lot has changed."

"It certainly has," Nathan echoed. They knew he had gone into his family's business, which had operated pretty much the same and had been a part of the local community for as long as they could remember. So, they were surprised when he seemed concerned. He asked, "But, have you noticed how we don't want to change when things change?"

Carlos said, "I guess we resist changing, because we're afraid of change."

"Carlos, you were Captain of the football team," Jessica said. "I never thought I'd hear you say anything about being afraid!"

They all laughed as they realized that although they had gone off in different directions—from working at home to managing companies—they were experiencing similar feelings.

Everyone was trying to cope with the unexpected changes that were happening to them in recent years. And most admitted that they did not know a good way to handle them.

Then Michael said, "I used to be afraid of change. When a big change came along in our business, we didn't know what to do. So we didn't adjust and we almost lost it.

"That is," he continued, "until I heard a funny little story that changed everything."

"How so?" Nathan asked.

"Well, the story changed the way I looked at change—from losing something to gaining something—and it showed me how to do it. After that, things quickly improved—at work and in my life.

"At first I was annoyed with the obvious simplicity of the story because it sounded like something we might have been told in school.

"Then I realized I was really annoyed with myself for not seeing the obvious and doing what works when things change.

"When I realized the four characters in the story represented the various parts of myself, I decided who I wanted to act like and I changed.

"Later, I passed the story on to some people in our company and they passed it on to others, and soon our business did much better, because most of us adapted to change better. And like me, many people said it helped them in their personal lives.

"However there were a few people who said they got nothing out of it. They either knew the lessons and were already living them, or, more commonly, they thought they already knew everything and didn't want to learn. They couldn't see why so many others were benefitting from it.

"When one of our senior executives, who was having difficulty adapting, said the story was a waste of time, other people kidded him saying they knew which character he was in the story—meaning the one who learned nothing new and did not change."

"What's the story?" Angela asked.

"It's called, *Who Moved My Cheese?*"

The group laughed. "I think I like it already," Carlos said. "Would you tell us the story? Maybe *we* can get something from it."

"Sure," Michael replied. "I'd be happy to—it doesn't take long." And so he began:

Who Moved My Cheese?: The Story

ONCE, long ago in a land far away, there lived four little characters who ran through a Maze looking for cheese to nourish them and make them happy.

Two were mice, named "Sniff" and "Scurry" and two were Littlepeople—beings who were as small as mice but who looked and acted a lot like people today. Their names were "Hem" and "Haw."

Due to their small size, it would be easy not to notice what the four of them were doing. But if you looked closely enough, you could discover the most amazing things!

Every day the mice and the Littlepeople spent time in the Maze looking for their own special cheese.

The mice, Sniff and Scurry, possessing simple brains and good instincts, searched for the hard nibbling cheese they liked, as mice often do.

The two Littlepeople, Hem and Haw, used their complex brains, filled with many beliefs and emotions, to search for a very different kind of Cheese—with a capital C—which they believed would make them feel happy and successful.

As different as the mice and Littlepeople were, they shared something in common: every morning, they each put on their jogging suits and running shoes, left their little homes, and raced out into the Maze looking for their favorite cheese.

The Maze was a labyrinth of corridors and chambers, some containing delicious cheese. But there were also dark corners and blind alleys leading nowhere. It was an easy place for anyone to get lost.

However, for those who found their way, the Maze held secrets that let them enjoy a better life.

The mice, Sniff and Scurry, used the simple trial-and-error method of finding cheese. They ran down one corridor, and if it proved empty, they turned and ran down another. They remembered the corridors that held no cheese and quickly went into new areas.

Sniff would smell out the general direction of the cheese, using his great nose, and Scurry would race ahead. They got lost, as you might expect, went off in the wrong direction and often bumped into walls. But after a while, they found their way.

Like the mice, the two Littlepeople, Hem and Haw, also used their ability to think and learn from their past experiences. However, they relied on their complex brains to develop more sophisticated methods of finding Cheese.

Sometimes they did well, but at other times their powerful human beliefs and emotions took over and clouded the way they looked at things. It made life in the Maze more complicated and challenging.

Nonetheless, Sniff, Scurry, Hem and Haw all discovered, in their own way, what they were looking for. They each found their own kind of cheese one day at the end of one of the corridors in Cheese Station C.

Every morning after that, the mice and the Littlepeople dressed in their running gear and headed over to Cheese Station C. It wasn't long before they each established their own routine.

Sniff and Scurry continued to wake early every day and race through the Maze, always following the same route.

When they arrived at their destination, the mice took off their running shoes, tied them together and hung them around their necks—so they could get to them quickly whenever they needed them again. Then they enjoyed the cheese.

In the beginning Hem and Haw also raced toward Cheese Station C every morning to enjoy the tasty new morsels that awaited them.

But after a while, a different routine set in for the Littlepeople.

Hem and Haw awoke each day a little later, dressed a little slower, and walked to Cheese Station C. After all, they knew where the Cheese was now and how to get there.

They had no idea where the Cheese came from, or who put it there. They just assumed it would be there.

As soon as Hem and Haw arrived at Cheese Station C each morning, they settled in and made themselves at home. They hung up their jogging suits, put away their running shoes and put on their slippers. They were becoming very comfortable now that they had found the Cheese.

"This is great," Hem said. "There's enough Cheese here to last us forever." The Littlepeople felt happy and successful, and thought they were now secure.

It wasn't long before Hem and Haw regarded the Cheese they found at Cheese Station C as their cheese. It was such a large store of Cheese that they eventually moved their homes to be closer to it, and built a social life around it.

To make themselves feel more at home, Hem and Haw decorated the walls with sayings and even drew pictures of Cheese around them which made them smile. One read:

Having Cheese
Makes You
Happy.

Sometimes Hem and Haw would take their friends by to see their pile of Cheese at Cheese Station C, and point to it with pride, saying, "Pretty nice Cheese, huh?" Sometimes they shared it with their friends and sometimes they didn't.

"We deserve this Cheese," Hem said. "We certainly had to work long and hard enough to find it." He picked up a nice fresh piece and ate it.

Afterward, Hem fell asleep, as he often did.

Every night the Littlepeople would waddle home, full of Cheese, and every morning they would confidently return for more.

This went on for quite some time.

After a while Hem's and Haw's confidence grew into the arrogance of success. Soon they became so comfortable they didn't even notice what was happening.

As time went on, Sniff and Scurry continued their routine. They arrived early each morning and sniffed and scratched and scurried around Cheese Station C, inspecting the area to see if there had been any changes from the day before. Then they would sit down to nibble on the cheese.

One morning they arrived at Cheese Station C and discovered there was no cheese.

They weren't surprised. Since Sniff and Scurry had noticed the supply of cheese had been getting smaller every day, they were prepared for the inevitable and knew instinctively what to do.

They looked at each other, removed the running shoes they had tied together and hung conveniently around their necks, put them on their feet and laced them up.

The mice did not overanalyze things.

To the mice, the problem and the answer were both simple. The situation at Cheese Station C had changed. So, Sniff and Scurry decided to change.

They both looked out into the Maze. Then Sniff lifted his nose, sniffed, and nodded to Scurry, who took off running through the Maze, while Sniff followed as fast as he could.

They were quickly off in search of New Cheese.

Later that same day, Hem and Haw arrived at Cheese Station C. They had not been paying attention to the small changes that had been taking place each day, so they took it for granted their Cheese would be there.

They were unprepared for what they found.

"What! No Cheese?" Hem yelled. He continued yelling, "No Cheese? No Cheese?" as though if he shouted loud enough someone would put it back.

"Who moved my Cheese?" he hollered.

Finally, he put his hands on his hips, his face turned red, and he screamed at the top of his voice, "It's not fair!"

Haw just shook his head in disbelief. He, too, had counted on finding Cheese at Cheese Station C. He stood there for a long time, frozen with shock. He was just not ready for this.

Hem was yelling something, but Haw didn't want to hear it. He didn't want to deal with what was facing him, so he just tuned everything out.

The Littlepeople's behavior was not very attractive or productive, but it was understandable.

Finding Cheese wasn't easy, and it meant a great deal more to the Littlepeople than just having enough of it to eat every day.

Finding Cheese was the Littlepeople's way of getting what they thought they needed to be happy. They had their own ideas of what Cheese meant to them, depending on their taste.

For some, finding Cheese was having material things. For others it was enjoying good health or developing a spiritual sense of well-being.

For Haw, Cheese just meant feeling safe, having a loving family someday and living in a cozy cottage on Cheddar Lane.

To Hem, Cheese was becoming a Big Cheese in charge of others and owning a big house atop Camembert Hill.

Because Cheese was important to them, the two Littlepeople spent a long time trying to decide what to do. All they could think of was to keep looking around Cheeseless Station C to see if the Cheese was really gone.

While Sniff and Scurry had quickly moved on, Hem and Haw continued to hem and haw.

They ranted and raved at the injustice of it all. Haw started to get depressed. What would happen if the Cheese wasn't there tomorrow? He had made future plans based on this Cheese.

The Littlepeople couldn't believe it. How could this have happened? No one had warned them. It wasn't right. It was not the way things were supposed to be.

Hem and Haw went home that night hungry and discouraged. But before they left, Haw wrote on the wall:

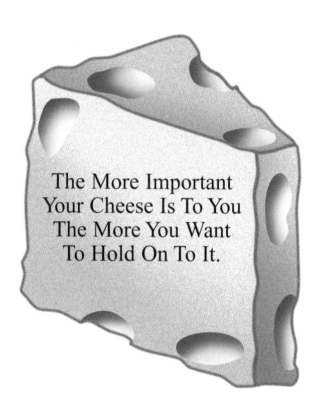

The More Important
Your Cheese Is To You
The More You Want
To Hold On To It.

The next day Hem and Haw left their homes, and returned to Cheese Station C again, where they still expected, somehow, to find *their* Cheese.

The situation hadn't changed, the Cheese was no longer there. The Littlepeople didn't know what to do. Hem and Haw just stood there, immobilized like two statues.

Haw shut his eyes as tight as he could and put his hands over his ears. He just wanted to block everything out. He didn't want to know the Cheese supply had gradually been getting smaller. He believed it had been moved all of a sudden.

Hem analyzed the situation over and over and eventually his complicated brain with its huge belief system took hold. "Why did they do this to me?" he demanded. "What's really going on here?"

Finally, Haw opened his eyes, looked around and said, "By the way, where are Sniff and Scurry? Do you think they know something we don't?"

Hem scoffed, "What would they know?"

Hem continued, "They're just mice. They just respond to what happens. We're Littlepeople. We're smarter than mice. We should be able to figure this out."

"I know we're smarter," Haw said, "but we don't seem to be acting smarter at the moment. Things are changing around here, Hem. Maybe we need to change and do things differently."

"Why should we change?" Hem asked. "We're Littlepeople. We're special. This sort of thing should not happen to us. Or if it does, we should at least get some benefits."

"Why should we get benefits?" Haw asked.

"Because we're entitled," Hem claimed.

"Entitled to what?" Haw wanted to know.

"We're entitled to our Cheese."

"Why?" Haw asked.

"Because, we didn't cause this problem," Hem said. "Somebody else did this and we should get something out of it."

Haw suggested, "Maybe we should simply stop analyzing the situation so much and go find some New Cheese?"

"Oh no," Hem argued. "I'm going to get to the bottom of this."

While Hem and Haw were still trying to decide what to do, Sniff and Scurry were already well on their way. They went farther into the Maze, up and down corridors, looking for cheese in every Cheese Station they could find.

They didn't think of anything else but finding New Cheese.

They didn't find any for some time until they finally went into an area of the Maze where they had never been before: Cheese Station N.

They squealed with delight. They found what they had been looking for: a great supply of New Cheese.

They could hardly believe their eyes. It was the biggest store of cheese the mice had ever seen.

In the meantime, Hem and Haw were still back in Cheese Station C evaluating their situation. They were now suffering from the effects of having no Cheese. They were becoming frustrated and angry and were blaming each other for the situation they were in.

Now and then Haw thought about his mice friends, Sniff and Scurry, and wondered if they had found any cheese yet. He believed they might be having a hard time, as running through the Maze usually involved some uncertainty. But he also knew that it was likely to only last for a while.

Sometimes, Haw would imagine Sniff and Scurry finding New Cheese and enjoying it. He thought about how good it would be for him to be out on an adventure in the Maze, and to find fresh New Cheese. He could almost taste it.

The more clearly Haw saw the image of himself finding and enjoying the New Cheese, the more he saw himself leaving Cheese Station C.

"Let's go!" he exclaimed, all of a sudden.

"No," Hem quickly responded. "I like it here. It's comfortable. It's what I know. Besides it's dangerous out there."

"No it isn't," Haw argued. "We've run through many parts of the Maze before, and we can do it again."

"I'm getting too old for that," Hem said. "And I'm afraid I'm not interested in getting lost and making a fool of myself. Are you?"

With that, Haw's fear of failing returned and his hope of finding New Cheese faded.

So every day, the Littlepeople continued to do what they had done before. They went to Cheese Station C, found no Cheese, and returned home, carrying their worries and frustrations with them.

They tried to deny what was happening, but found it harder to get to sleep, had less energy the next day, and were becoming irritable.

Their homes were not the nurturing places they once were. The Littlepeople had difficulty sleeping and were having nightmares about not finding any Cheese.

But Hem and Haw still returned to Cheese Station C and waited there every day.

Hem said, "You know if we just work harder we'll find that nothing has really changed that much. The Cheese is probably nearby. Maybe they just hid it behind the wall."

The next day, Hem and Haw returned with tools. Hem held the chisel, while Haw banged on the hammer until they made a hole in the wall of Cheese Station C. They peered inside but found no Cheese.

They were disappointed but believed they could solve the problem. So they started earlier, stayed longer, and worked harder. But after a while, all they had was a large hole in the wall.

Haw was beginning to realize the difference between activity and productivity.

"Maybe," Hem said, "we should just sit here and see what happens. Sooner or later they have to put the Cheese back."

Haw wanted to believe that. So each day he went home to rest and returned reluctantly with Hem to Cheese Station C. But Cheese never reappeared.

By now the Littlepeople were growing weak from hunger and stress. Haw was getting tired of just waiting for their situation to improve. He began to see that the longer they stayed in their Cheeseless situation, the worse off they would be.

Haw knew they were losing their edge.

Finally, one day Haw began laughing at himself. "Haw, haw, look at us. We keep doing the same things over and over again and wonder why things don't get better. If this wasn't so ridiculous, it would be even funnier."

Haw did not like the idea of having to run through the Maze again, because he knew he would get lost and have no idea where he would find any Cheese. But he had to laugh at his folly when he saw what his fear was doing to him.

He asked Hem, "Where did we put our running shoes?" It took a long time to find them because they had put everything away when they found their Cheese at Cheese Station C, thinking they wouldn't be needing them anymore.

As Hem saw his friend getting into his running gear, he said, "You're not really going out into the Maze again, are you? Why don't you just wait here with me until they put the Cheese back?"

"Because, you just don't get it," Haw said. "I didn't want to see it either, but now I realize they're never going to put yesterday's Cheese back. It's time to find New Cheese."

Hem argued, "But what if there is no Cheese out there? Or even if there is, what if you don't find it?"

"I don't know," Haw said. He had asked himself those same questions too many times and felt the fears again that kept him where he was.

He asked himself, "Where am I more likely to find Cheese—here or in the Maze?"

He painted a picture in his mind. He saw himself venturing out into the Maze with a smile on his face.

While this picture surprised him, it made him feel good. He saw himself getting lost now and then in the Maze, but felt confident he would eventually find New Cheese out there and all the good things that came with it. He gathered his courage.

Then he used his imagination to paint the most believable picture he could—with the most realistic details—of him finding and enjoying the taste of New Cheese.

He saw himself eating Swiss cheese with holes in it, bright orange Cheddar and American cheeses, Italian Mozzarella and wonderfully soft French Camembert Cheese, and. . . .

Then he heard Hem say something and realized they were still at Cheese Station C.

Haw said, "Sometimes, Hem, things change and they are never the same again. This looks like one of those times. That's life! Life moves on. And so should we."

Haw looked at his emaciated companion and tried to talk sense to him, but Hem's fear had turned into anger and he wouldn't listen.

Haw didn't mean to be rude to his friend, but he had to laugh at how silly they both looked.

As Haw prepared to leave, he started to feel more alive, knowing that he was finally able to laugh at himself, let go and move on.

Haw laughed and announced, "It's ... Maze ... time!"

Hem didn't laugh and he didn't respond.

Haw picked up a small, sharp rock and wrote a serious thought on the wall for Hem to think about. As was his custom, Haw even drew a picture of cheese around it, hoping it would help Hem to smile, lighten up, and go after the New Cheese. But Hem didn't want to see it.

It read:

If You Do Not
Change,
You Can Become
Extinct.

Then, Haw stuck his head out and peered anxiously into the Maze. He thought about how he'd gotten himself into this cheeseless situation.

He had believed that there may not be any Cheese in the Maze, or he may not find it. Such fearful beliefs were immobilizing and killing him.

Haw smiled. He knew Hem was wondering, "Who moved my cheese?" but Haw was wondering, "Why didn't I get up and move with the Cheese, sooner?"

As he started out into the Maze, Haw looked back to where he had come from and felt its comfort. He could feel himself being drawn back into familiar territory—even though he hadn't found Cheese here for some time.

Haw became more anxious and wondered if he really wanted to go out into the Maze. He wrote a saying on the wall ahead of him and stared at it for some time:

What Would You Do
If You Weren't Afraid?

He thought about it.

He knew sometimes some fear can be good. When you are afraid things are going to get worse if you don't do something, it can prompt you into action. But it is not good when you are so afraid that it keeps you from doing anything.

He looked to his right, to the part of the Maze where he had never been, and felt the fear.

Then, he took a deep breath, turned right into the Maze, and jogged slowly, into the unknown.

As he tried to find his way, Haw worried, at first, that he might have waited too long in Cheese Station C. He hadn't had any Cheese for so long that he was now weak. It took him longer and it was more painful than usual to get through the Maze.

He decided that if he ever got the chance again, he would get out of his comfort zone and adapt to change sooner. It would make things easier.

Then, Haw smiled a weak smile as he thought, "Better late than never."

During the next several days, Haw found a little Cheese here and there, but nothing that lasted very long. He had hoped to find enough Cheese to take some back to Hem and encourage him to come out into the Maze.

But Haw didn't feel confident enough yet. He had to admit he found it confusing in the Maze. Things seemed to have changed since the last time he was out here.

Just when he thought he was getting ahead, he would get lost in the corridors. It seemed his progress was two steps forward and one step backward. It was a challenge, but he had to admit that being back in the Maze, hunting for Cheese, wasn't nearly as bad as he feared it might be.

As time went on he began to wonder if it was realistic for him to expect to find New Cheese. He wondered if he had bitten off more than he could chew. Then he laughed, realizing that he had nothing to chew on at that moment.

Whenever he started to get discouraged, he reminded himself that what he was doing, as uncomfortable as it was at the moment, was in reality much better than staying in the Cheeseless situation. He was taking control, rather than simply letting things happen to him.

Then he reminded himself, if Sniff and Scurry could move on, so could he!

Later, as Haw looked back on things, he realized that the Cheese at Cheese Station C had not just disappeared overnight, as he had once believed. The amount of Cheese that had been there toward the end had been getting smaller, and what was left had grown old. It didn't taste as good.

Mold may even have begun to grow on the Old Cheese, although he hadn't noticed it. He had to admit however, that if he had wanted to, he probably could have seen what was coming. But he didn't.

Haw now realized that the change probably would not have taken him by surprise if he had been watching what was happening all along and if he had anticipated change. Maybe that's what Sniff and Scurry had been doing.

He decided he would stay more alert from now on. He would expect change to happen and look for it. He would trust his basic instincts to sense when change was going to occur and be ready to adapt to it.

He stopped for a rest and wrote on the wall of the Maze:

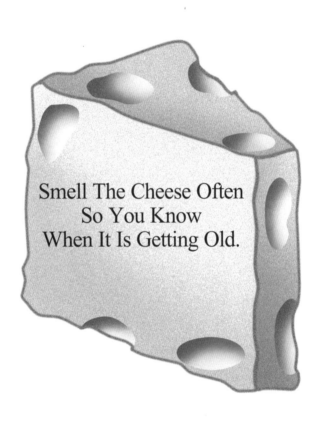

Smell The Cheese Often
So You Know
When It Is Getting Old.

Sometime later, after not finding Cheese for what seemed like a long time, Haw finally came across a huge Cheese Station, which looked promising. When he went inside, however, he was most disappointed to discover that the Cheese Station was empty.

"This empty feeling has happened to me too often," he thought. He felt like giving up.

Haw was losing his physical strength. He knew he was lost and was afraid he would not survive. He thought about turning around and heading back to Cheese Station C. At least, if he made it back, and Hem was still there, Haw wouldn't be alone. Then he asked himself the same question again, "What would I do if I weren't afraid?"

Haw thought he was past his fear, but he was afraid more often than he liked to admit, even to himself. He wasn't always sure what he was afraid of, but, in his weakened condition, he knew now he was simply fearful of going on alone. Haw didn't know it, but he was running behind because he was still weighed down by fearful beliefs.

Haw wondered if Hem had moved on, or if he was still paralyzed by his own fears. Then, Haw remembered the times when he had felt his best in the Maze. It was when he was moving along.

He wrote on the wall, knowing it was as much a reminder to himself as it was a marking for his friend Hem, hopefully, to follow:

Movement In A
New Direction
Helps You Find
New Cheese.

Haw looked down the dark passageway and was aware of his fear. What lay ahead? Was it empty? Or worse, were there dangers lurking? He began to imagine all kinds of frightening things that could happen to him. He was scaring himself to death.

Then he laughed at himself. He realized his fears were making things worse. So he did what he would do if he weren't afraid. He moved in a new direction.

As he started running down the dark corridor he began to smile. Haw didn't realize it yet, but he was discovering what nourished his soul. He was letting go and trusting what lay ahead for him, even though he did not know exactly what it was.

To his surprise, Haw started to enjoy himself more and more. "Why do I feel so good?" he wondered. "I don't have any Cheese and I don't know where I am going."

Before long, he knew why he felt good.

He stopped to write again on the wall:

When You Stop
Being Afraid,
You Feel Good!

Haw realized he had been held captive by his own fear. Moving in a new direction had freed him.

Now he felt the cool breeze that was blowing in this part of the Maze and it was refreshing. He took in some deep breaths and felt invigorated by the movement. Once he had gotten past his fear, it turned out to be more enjoyable than he once believed it could be.

Haw hadn't felt this way for a long time. He had almost forgotten how much fun it was to go for it.

To make things even better, Haw started to paint a picture in his mind again. He saw himself in great realistic detail, sitting in the middle of a pile of all his favorite cheeses—from Cheddar to Brie! He saw himself eating the many cheeses he liked, and he enjoyed what he saw. Then he imagined how much he would enjoy all their great tastes.

The more clearly he saw the image of himself enjoying New Cheese, the more real and believable it became. He could sense that he was going to find it.

He wrote:

Imagining Yourself
Enjoying Your
New Cheese
Leads You To It.

Haw kept thinking about what he could gain instead of what he was losing.

He wondered why he had always thought that a change would lead to something worse. Now he realized that change could lead to something better.

"Why didn't I see this before?" he asked himself.

Then he raced through the Maze with greater strength and agility. Before long he spotted a Cheese Station and became excited as he noticed little pieces of New Cheese near the entrance.

They were types of Cheese he had never seen before, but they looked great. He tried them and found that they were delicious. He ate most of the New Cheese bits that were available and put a few in his pocket to have later and perhaps share with Hem. He began to regain his strength.

He entered the Cheese Station with great excitement. But, to his dismay, he found it was empty. Someone had already been there and had left only the few bits of New Cheese.

He realized that if he had moved sooner, he would very likely have found a good deal of New Cheese here.

Haw decided to go back and see if Hem was ready to join him.

As he retraced his steps, he stopped and wrote on the wall:

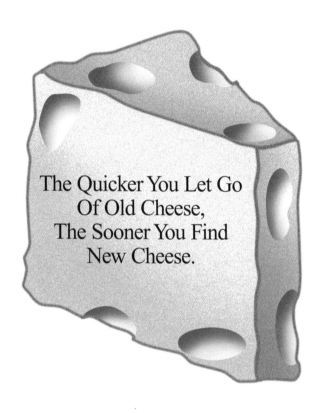

The Quicker You Let Go
Of Old Cheese,
The Sooner You Find
New Cheese.

After a while Haw made his way back to Cheese Station C and found Hem. He offered Hem bits of New Cheese, but was turned down.

Hem appreciated his friend's gesture but said, "I don't think I would like New Cheese. It's not what I'm used to. I want my *own* Cheese back and I'm not going to change until I get what I want."

Haw just shook his head in disappointment and reluctantly went back out on his own. As he returned to the farthest point he had reached in the Maze, he missed his friend, but realized he liked what he was discovering. Even before he found what he hoped would be a great supply of New Cheese, if ever, he knew that what made him happy wasn't just having Cheese.

He was happy when he wasn't being run by his fear. He liked what he was doing now.

Knowing this, Haw didn't feel as weak as he did when he stayed in Cheese Station C with no Cheese. Just realizing he was not letting his fear stop him, and knowing that he had taken a new direction, nourished him and gave him strength.

Now he felt that it was just a question of time before he found what he needed. In fact, he sensed he had already found what he was looking for.

He smiled as he realized:

It Is Safer To
Search In The Maze,
Than Remain In A
Cheeseless Situation.

Haw realized again, as he had once before, that what you are afraid of is never as bad as what you imagine. The fear *you let* build up in your mind is worse than the situation that actually exists.

He'd been so afraid of never finding New Cheese that he didn't even want to start looking. But since starting his journey, he had found enough Cheese in the corridors to keep him going. Now he looked forward to finding more. Just looking ahead was becoming exciting.

His old thinking had been clouded by his worries and fears. He used to think about not having enough Cheese, or not having it last as long as he wanted. He used to think more about what could go wrong than what could go right.

But that had changed in the days since he had left Cheese Station C.

He used to believe that Cheese should never be moved and that change wasn't right.

Now he realized it was natural for change to continually occur, whether you expect it or not. Change could surprise you only if you didn't expect it and weren't looking for it.

When he realized he had changed his beliefs, he paused to write on the wall:

Old Beliefs
Do Not Lead You
To New Cheese.

Haw hadn't found any Cheese yet, but as he ran through the Maze, he thought about what he had already learned.

Haw now realized that his new beliefs were encouraging new behaviors. He was behaving differently than when he kept returning to the same cheeseless station.

He knew that when you change what you believe, you change what you do.

You can believe that a change will harm you and resist it. Or you can believe that finding New Cheese will help you and embrace the change.

It all depends on what you choose to believe.

He wrote on the wall:

When You See That
You Can Find And
Enjoy New Cheese,
You Change Course.

Haw knew he would be in better shape now if he had dealt with the change much sooner and left Cheese Station C earlier. He would feel stronger in body and spirit and he could have coped better with the challenge of finding New Cheese. In fact, he probably would have found it by now if he had expected change, rather than wasting time denying that the change had already taken place.

He used his imagination again and saw himself finding and savoring New Cheese. He decided to proceed into the more unknown parts of the Maze, and found little bits of Cheese here and there. Haw began to regain his strength and confidence.

As he thought back on where he had come from, Haw was glad he had written on the wall in many places. He trusted that it would serve as a marked trail for Hem to follow through the Maze, if he ever chose to leave Cheese Station C.

Haw just hoped he was heading in the right direction. He thought about the possibility that Hem would read The Handwriting On The Wall and find his way.

He wrote on the wall what he had been thinking about for some time:

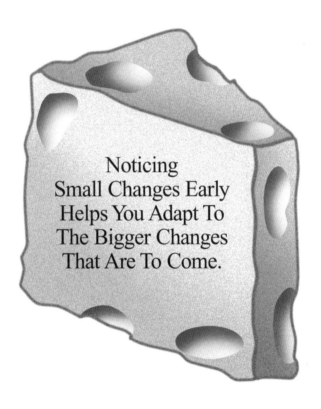

Noticing
Small Changes Early
Helps You Adapt To
The Bigger Changes
That Are To Come.

By now, Haw had let go of the past and was adapting to the present.

He continued on through the Maze with greater strength and speed. And before long, it happened.

When it seemed like he had been in the Maze forever, his journey—or at least this part of his journey—ended quickly and happily.

Haw proceeded along a corridor that was new to him, rounded a corner, and found New Cheese at Cheese Station N!

When he went inside, he was startled by what he saw. Piled high everywhere was the greatest supply of Cheese he had ever seen. He didn't recognize all that he saw, as some kinds of Cheese were new to him.

Then he wondered for a moment whether it was real or just his imagination, until he saw his old friends Sniff and Scurry.

Sniff welcomed Haw with a nod of his head, and Scurry waved his paw. Their fat little bellies showed that they had been here for some time.

Haw quickly said his hellos and soon took bites of every one of his favorite Cheeses. He pulled off his shoes, tied the laces together, and hung them around his neck in case he needed them again.

Sniff and Scurry laughed. They nodded their heads in admiration. Then Haw jumped into the New Cheese. When he had eaten his fill, he lifted a piece of fresh Cheese and made a toast. "Hooray for Change!"

As Haw enjoyed the New Cheese, he reflected on what he had learned.

He realized that when he had been afraid to change he had been holding on to the illusion of Old Cheese that was no longer there.

So what was it that made him change? Was it the fear of starving to death? Haw smiled as he thought it certainly helped.

Then he laughed and realized that he had started to change as soon as he had learned to laugh at himself and at what he had been doing wrong. He realized the fastest way to change is to laugh at your own folly—then you can let go and quickly move on.

He knew he had learned something useful about moving on from his mice friends, Sniff and Scurry. They kept life simple. They didn't overanalyze or overcomplicate things. When the situation changed and the Cheese had been moved, they changed and moved with the Cheese. He would remember that.

Haw had also used his wonderful brain to do what Littlepeople do better than mice.

He envisioned himself—in realistic detail— finding something better—much better.

He reflected on the mistakes he had made in the past and used them to plan for his future. He knew that you could learn to deal with change.

You could be more aware of the need to keep things simple, be flexible, and move quickly.

You did not need to overcomplicate matters or confuse yourself with fearful beliefs.

You could notice when the little changes began so that you would be better prepared for the big change that might be coming.

He knew he needed to adapt faster, for if you do not adapt in time, you might as well not adapt at all.

He had to admit that the biggest inhibitor to change lies within yourself, and that nothing gets better until *you* change.

Perhaps most importantly, he realized that there is always New Cheese out there whether you recognize it at the time, or not. And that you are rewarded with it when you go past your fear and enjoy the adventure.

He knew some fear should be respected, as it can keep you out of real danger. But he realized most of his fears were irrational and had kept him from changing when he needed to.

He didn't like it at the time, but he knew that the change had turned out to be a blessing in disguise as it led him to find better Cheese.

He had even found a better part of himself.

As Haw recalled what he had learned, he thought about his friend Hem. He wondered if Hem had read any of the sayings Haw had written on the wall at Cheese Station C and throughout the Maze.

Had Hem ever decided to let go and move on? Had he ever entered the Maze and discovered what could make his life better?

Or was Hem still hemmed in because he would not change?

Haw thought about going back again to Cheese Station C to see if he could find Hem—assuming that Haw could find his way back there. If he found Hem, he thought he might be able to show him how to get out of his predicament. But Haw realized that he had already tried to get his friend to change.

Hem had to find his own way, beyond his comforts and past his fears. No one else could do it for him, or talk him into it. He somehow had to see the advantage of changing himself.

Haw knew he had left a trail for Hem and that he could find his way, if he could just read The Handwriting On The Wall.

He went over and wrote down a summary of what he had learned on the largest wall of Cheese Station N. He drew a large piece of cheese around all the insights he had become aware of, and smiled as he looked at what he had learned:

THE HANDWRITING ON THE WALL

Change Happens
They Keep Moving The Cheese

Anticipate Change
Get Ready For The Cheese To Move

Monitor Change
Smell The Cheese Often So You
Know When It Is Getting Old

Adapt To Change Quickly
The Quicker You Let Go Of Old Cheese,
The Sooner You Can Enjoy New Cheese

Change
Move With The Cheese

Enjoy Change!
Savor The Adventure And Enjoy
The Taste Of New Cheese!

Be Ready To Change Quickly And Enjoy It Again & Again
They Keep Moving The Cheese

Haw realized how far he had come since he had been with Hem in Cheese Station C, but knew it would be easy for him to slip back if he got too comfortable. So, each day he inspected Cheese Station N to see what the condition of his Cheese was. He was going to do whatever he could to avoid being surprised by unexpected change.

While Haw still had a great supply of Cheese, he often went out into the Maze and explored new areas to stay in touch with what was happening around him. He knew it was safer to be aware of his real choices than to isolate himself in his comfort zone.

Then, Haw heard what he thought was the sound of movement out in the Maze. As the noise grew louder, he realized that someone was coming.

Could it be that Hem was arriving? Was he about to turn the corner?

Haw said a little prayer and hoped—as he had many times before—that maybe, at last, his friend was finally able to ...

Move With
The Cheese
And Enjoy It!

The end...

or is it a new beginning?

A Discussion
Later That Same Day

When Michael finished telling the story, he looked around the room and saw his former classmates smiling at him.

Several thanked him and said they got a good deal out of the story.

Nathan asked the group, "What would you think of getting together later and maybe discussing it?"

Most of them said they would like to talk about it, and so they arranged to meet later for a drink before dinner.

That evening, as they gathered in a hotel lounge, they began to kid each other about finding their "Cheese" and seeing themselves in the Maze.

Then Angela asked the group good-naturedly, "So, who were you in the story? Sniff, Scurry, Hem or Haw?"

Carlos answered, "Well, I was thinking about that this afternoon. I clearly remember a time before I had my sporting goods business, when I had a rough encounter with change.

"I wasn't Sniff—I didn't sniff out the situation and see the change early. And I certainly wasn't Scurry—I didn't go into action immediately.

"I was more like Hem, who wanted to stay in familiar territory. The truth is, I didn't want to deal with the change. I didn't even want to see it."

Michael, who felt like no time had passed since he and Carlos were close friends in school, asked, "What are we talking about here, buddy?"

Carlos said, "An unexpected change of jobs."

Michael laughed. "You were fired?"

"Well, let's just say I didn't want to go out looking for New Cheese. I thought I had a good reason why change shouldn't happen to me. So, I was pretty upset at the time."

Some of their former classmates who had been quiet in the beginning felt more comfortable now and spoke up, including Frank, who had gone into the military.

"Hem reminds me of a friend of mine," Frank said. "His department was closing down, but he didn't want to see it. They kept relocating his people. We all tried to talk to him about the many other opportunities that existed in the company for those who wanted to be flexible, but he didn't think he had to change. He was the only one who was surprised when his department closed. Now he's having a hard time adjusting to the change he didn't think should happen."

Jessica said, "I didn't think it should happen to me either, but my 'Cheese' has been moved more than once, especially in my personal life, but we can get to that later."

Many in the group laughed, except Nathan.

"Maybe that's the whole point," Nathan said. "Change happens to all of us."

He added, "I wish my family had heard the Cheese story before this. Unfortunately we didn't want to see the changes coming in our business, and now it's too late—we're having to close many of our stores."

That surprised many in the group, because they thought Nathan was lucky to be in a secure business he could depend on, year after year.

"What happened?" Jessica wanted to know.

"Our chain of small stores suddenly became old fashioned when the mega-store came to town with its huge inventory and low prices. We just couldn't compete with that.

"I can see now that instead of being like Sniff and Scurry, we were like Hem. We stayed where we were and didn't change. We tried to ignore what was happening and now we are in trouble. We could have taken a couple of lessons from Haw—because we certainly couldn't laugh at ourselves and change what we were doing."

Laura, who had become a successful business-woman, had been listening, but had said very little until now. "I thought about the story this afternoon too," she said. "I wondered how I could be more like Haw and see what I'm doing wrong, laugh at myself, change and do better."

She said, "I'm curious. How many here are afraid of change?" No one responded so she suggested, "How about a show of hands?"

Only one hand went up. "Well, it looks like we've got one honest person in our group!" she said. And then continued, "Maybe you'll like this next question better. How many here think other people are afraid of change?" Practically everyone raised their hands. Then they all started laughing.

"What does *that* tell us?"

"Denial," Nathan answered.

"Sure," Michael admitted. "Sometimes we're not even aware that we're afraid. I know I wasn't. When I first heard the story, I loved the question, 'What would you do if you weren't afraid?'"

Then Jessica added, "Well, what I got from the story is that change is happening everywhere and that I will do better when I can adjust to it quickly."

"I remember years ago when our company was selling our encyclopedia as a set of more than twenty books. One person tried to tell us that we should put our whole encyclopedia on a single computer disk and sell it for a fraction of the cost. It would be easier to update, would cost us so much less to manufacture, and so many more people could afford it. But we all resisted."

"Why did you resist?" Nathan asked.

"Because, we believed then that the backbone of our business was our large sales force, who called on people door-to-door. Keeping our sales force depended on the big commissions they earned from the high price of our product. We had been doing this successfully for a long time and thought it would go on forever."

Laura said, "Maybe that's what it meant in the story about Hem and Haw's arrogance of success. They didn't notice they needed to change what had once been working."

Nathan said, "So you thought your old Cheese was your only Cheese."

"Yes, and we wanted to hang on to it.

"When I think back on what happened to us, I see that it's not just that they 'moved the Cheese' but that the 'Cheese' has a life of its own and eventually runs out.

"Anyway, we didn't change. But a competitor did and our sales fell badly. We've been going through a difficult time. Now, another big technological change is happening in the industry and no one at the company seems to want to deal with it. It doesn't look good. I think I could be out of a job soon."

"It's MAZE time!" Carlos called out. Everyone laughed, including Jessica.

Carlos turned to Jessica and said, "It's good that you can laugh at yourself."

Frank offered, "That's what *I* got out of the story. I tend to take myself too seriously. I noticed how Haw changed when he could finally laugh at himself and at what he was doing. No wonder he was called Haw."

The group groaned at the obvious play on words.

Angela asked, "Do you think that Hem ever changed and found New Cheese?"

Elaine said, "I think he did."

"I don't," Cory said. "Some people never change and they pay a price for it. I see people like Hem in my medical practice. They feel entitled to their 'Cheese.' They feel like victims when it's taken away and blame others. They get sicker than people who let go and move on."

Then Nathan said quietly, as though he was talking to himself, "I guess the question is, 'What do we need to let go of and what do we need to move on to?'"

No one said anything for a while.

"I must admit," Nathan said, "I saw what was happening with stores like ours in other parts of the country, but I hoped it wouldn't affect us. I guess it's a lot better to initiate change while you can than it is to try to react and adjust to it. Maybe we should move our own Cheese."

"What do you mean?" Frank asked.

Nathan answered, "I can't help but wonder where we would be today if we had sold the real estate under all our old stores and built one great modern store to compete with the best of them."

Laura said, "Maybe that's what Haw meant when he wrote on the wall 'Savor the adventure and move with the Cheese.'"

Frank said, "I think some things shouldn't change. For example, I want to hold on to my basic values. But I realize now that I would be better off if I had moved with the 'Cheese' a lot sooner in my life."

"Well, Michael, it was a nice little story," Richard, the class skeptic, said, "but how did you actually put it into use in your company?"

The group didn't know it yet, but Richard was experiencing some changes himself. Recently separated from his wife, he was now trying to balance his career with raising his teenagers.

Michael replied, "You know, I thought my job was just to manage the daily problems as they came up when what I should have been doing was looking ahead and paying attention to where we were going.

"And boy did I manage those problems— twenty-four hours a day. I wasn't a lot of fun to be around. I was in a rat race, and I couldn't get out."

Laura said, "So you were managing when you needed to be leading."

"Exactly," Michael said. "Then when I heard the story of *Who Moved My Cheese?*, I realized my job was to paint a picture of 'New Cheese' that we would all want to pursue, so we could enjoy changing and succeeding, whether it was at work or in life."

Nathan asked, "What did you do at work?"

"Well, when I asked people in our company who they were in the Story, I saw we had every one of the four characters in our organization. I came to see that the Sniffs, Scurrys, Hems and Haws each needed to be treated differently.

"Our Sniffs could sniff out changes in the marketplace, so they helped us update our corporate vision. They were encouraged to identify how the changes could result in new products and services our customers would want. The Sniffs loved it and told us they enjoyed working in a place that recognized change and adapted in time.

"Our Scurrys liked to get things done, so they were encouraged to take actions, based on the new corporate vision. They just needed to be monitored so they didn't scurry off in the wrong direction. They were then rewarded for actions that brought us New Cheese. They liked working in a company that valued action and results."

"What about the Hems and Haws?" Angela asked.

"Unfortunately, the Hems were the anchors that slowed us down," Michael answered. "They were either too comfortable or too afraid to change. Some of our Hems changed only when they saw the sensible vision we painted that showed them how changing would work to their advantage.

"Our Hems told us they wanted to work in a place that was safe, so the change needed to make sense to them and increase their sense of security. When they realized the real danger of not changing, some of them changed and did well. The vision helped us turn many of our Hems into Haws."

"What did you do with the Hems who didn't change?" Frank wanted to know.

"We had to let them go," Michael said sadly. "We wanted to keep all our employees, but we knew if our business didn't change quickly enough, we would all be in trouble."

Then he said, "The good news is that while our Haws were initially hesitant, they were open-minded enough to learn something new, act differently and adapt in time to help us succeed.

"They came to expect change and actively look for it. Because they understood human nature, they helped us paint a realistic vision of New Cheese that made good sense to practically everyone.

"They told us they wanted to work in an organization that gave people the confidence and tools to change. And they helped us keep our sense of humor as we went after our New Cheese."

Richard commented, "You got all that from a little story?"

Michael smiled. "It wasn't the story, but what we *did* differently based on what we took from it."

Angela admitted, "I'm a little bit like Hem, so for me, the most powerful part of the story was when Haw laughed at his fear and went on to paint a picture in his mind where he saw himself enjoying 'New Cheese.' It made going into the Maze less fearful and more enjoyable. And he eventually got a better deal. That's what I want to do more often."

Frank grinned. "So even Hems can sometimes see the advantage of changing."

Carlos laughed, "Like the advantage of keeping their jobs."

Angela added, "Or even getting a good raise."

Richard, who had been frowning during the discussion, said, "My manager's been telling me our company needs to change. I think what she's really telling me is that *I* need to, but I haven't wanted to hear it. I guess I never really knew what the 'New Cheese' was that she was trying to move us to. Or how I could gain from it."

A slight smile crossed Richard's face as he said, "I must admit I like this idea of seeing 'New Cheese' and imagining yourself enjoying it. It lightens everything up. When you see how it can make things better, you get more interested in making the change happen.

"Maybe I could use this in my personal life," he added. "My children seem to think that nothing in their lives should ever change. I guess they're acting like Hem—they're angry. They're probably afraid of what the future holds. Maybe I haven't painted a realistic picture of 'New Cheese' for them. Probably because I don't see it myself."

The group was quiet as several people thought about their own lives.

"Well," Jessica said, "most people here have been talking about jobs, but as I listened to the story, I also thought about my personal life. I think my current relationship is 'Old Cheese' that has some pretty serious mold on it."

Cory laughed in agreement. "Me too. I probably need to let go of a bad relationship."

Angela countered, "Or, perhaps the 'Old Cheese' is just old behavior. What we really need to let go of is the behavior that is the cause of our bad relationships. And then move on to a better way of thinking and acting."

"Ouch!" Cory reacted. "Good point. The New Cheese is a new relationship with the same person."

Richard said, "I'm beginning to think there is more to this than I thought. I like the idea of letting go of old behavior instead of letting go of the relationship. Repeating the same behavior will just get you the same results.

"As far as work goes, maybe instead of changing jobs, I should be changing the way I am *doing* my job. I'd probably have a better position by now if I did."

Then Becky, who lived in another city but had returned for the reunion, said, "As I was listening to the story and to everyone's comments here, I've had to laugh at myself. I've been like Hem for so long, hemming and hawing and afraid of change. I didn't realize how many other people did this as well. I'm afraid I've passed it on to my children without even knowing it.

"As I think about it, I realize change really can lead you to a new and better place, although you're afraid it won't at the time.

"I remember a time when our son was a sophomore in high school. My husband's job required us to move from Illinois to Vermont and our son was upset because he had to leave his friends. He was a star swimmer and the high school in Vermont had no swim team. So, he was angry with us for making him move.

"As it turned out, he fell in love with the Vermont mountains, took up skiing, skied on his college team and now lives happily in Colorado.

"If we had all enjoyed this Cheese story together, over a cup of hot chocolate, we could have saved our family a lot of stress."

Jessica said, "I'm going home to tell my family this story. I'll ask my children who they think I am—Sniff, Scurry, Hem or Haw—and who they feel they are. We could talk about what we feel our family's Old Cheese is and what our New Cheese could be."

"That's a good idea," Richard said, surprising everyone—even himself.

Frank then commented, "I think I'm going to be more like Haw and move with the Cheese and enjoy it! And I'm going to pass this story along to my friends who are worried about leaving the military and what the change might mean to them. It could lead to some interesting discussions."

Michael said, "Well, that's how we improved our business. We had several discussions about what we got from the Cheese story and how we could apply it to our situation.

"It was great because we had language that was fun for us to use to talk about how we were dealing with change. It was very effective, especially as it spread deeper into the company."

Nathan asked, "What do you mean by 'deeper'?"

"Well, the further we went into our organization, the more people we found who felt they had less power. They were understandably more afraid of what the change imposed from above might do to them. So they resisted change.

"In short, a change imposed is a change opposed.

"But when the Cheese Story was shared with literally everyone in our organization, it helped us change the way we looked at change. It helped everyone laugh, or at least smile, at their old fears and want to move on.

"I only wished I'd heard the Cheese story sooner," Michael added.

"How come?" Carlos asked.

"Because by the time we got around to addressing the changes, our business had already fallen off so badly that we had to let people go, as I said earlier, including some good friends. It was hard on all of us. However, those who stayed and most of those who left said the Cheese story helped them see things differently and eventually cope better.

"Those who had to go out and look for a new job said it was hard at first but recalling the story was a great help to them."

Angela asked, "What helped them most?"

Michael replied, "After they got past their fear, they told me the best thing was realizing that there was New Cheese out there just waiting to be found!

"They said holding a picture of New Cheese in their minds—seeing themselves doing well in a new job—made them feel better, and helped them *do* better in job interviews. Several got better jobs."

Laura asked, "What about the people who remained in your company?"

"Well," Michael said, "instead of complaining about the changes that were happening, people now said, 'They just moved our Cheese. Let's look for the New Cheese.' It saved a lot of time and reduced stress.

"Before long, the people who had been resisting saw the advantage of changing. They even helped bring about change."

Cory said, "Why do you think they changed?"

"They changed after the peer pressure in our company changed."

He asked, "What happens in most organizations you've been in when a change is announced by top management? Do most people say the change is a great idea or a bad idea?"

"A bad idea," Frank answered.

"Yes," Michael agreed. "Why?"

Carlos said, "Because people want things to stay the same and they think the change will be bad for them. When one person says the change is a bad idea, others say the same."

"Yes, they may not really feel that way," Michael said, "but they agree in order to fit in. That's the sort of peer pressure that fights change in any organization."

Becky asked, "So how were things different after people heard the Cheese story?"

Michael said simply, "The peer pressure changed. No one wanted to look like Hem!"

Everyone laughed.

"They wanted to sniff out the changes ahead of time and scurry into action, rather than get hemmed in and be left behind."

Nathan said, "That's a good point. No one in our company would want to look like Hem. They might even change. Why didn't you tell us this story at our last reunion? This could work."

Michael said, "It does work."

"It works best, of course, when everyone in your organization knows the story—whether it is in a large corporation, a small business, or your family —because an organization can only change when *enough* people in it change."

Then he offered one last thought. "When we saw how well it worked for us, we passed the story along to people we wanted to do business with, knowing they were also dealing with change. We suggested we might be their 'New Cheese' that is, better partners for them to succeed with. It led to new business."

That gave Jessica several ideas and reminded her that she had some early sales calls in the morning. She looked at her watch and said, "Well, it's time for me to leave this Cheese Station and find some New Cheese."

The group laughed and began saying their good-byes. Many of them wanted to continue the conversation but needed to leave. As they left, they thanked Michael again.

He said, "I'm very glad you found the story so useful and I hope that you will have the opportunity to share it with others soon."

the end